『순자』 읽기

세창명저산책_081

『순자』 읽기

초판 1쇄 인쇄 2021년 6월 3일
초판 1쇄 발행 2021년 6월 10일
–

지은이 김철운
펴낸이 이방원
기획위원 원당희
편 집 조상희 · 김명희 · 안효희 · 정조연 · 정우경 · 송원빈 · 최선희
디자인 손경화 · 박혜옥 · 양혜진   **영 업** 최성수
–

펴낸곳 세창미디어

　　　　신고번호 제2013-000003호 **주소** 03736 서울시 서대문구 경기대로 58 경기빌딩 602호

　　　　전화 723-8660 **팩스** 720-4579 **이메일** edit@sechangpub.co.kr **홈페이지** http://www.sechangpub.co.kr

　　　　블로그 blog.naver.com/scpc1992 **페이스북** fb.me/Sechangofficial **인스타그램** @sechang_official
–

ISBN 978-89-5586-680-3 02150

ⓒ 김철운, 2021

세창명저산책_081

『순자』 읽기

김철운 지음

세창미디어
M E D I A

1.

필자가 중국철학에 입문한 지도 거의 30년이 다 되어 간다. 그동안의 공부 여정을 돌이켜 보면 나만의 세계에 갇혀서 사상의 깊고도 드넓은 세계를 보려고 하지 않았던 어리석은 과정의 연속이었다고 할 수 있다. 이는 중국철학에 대한 나 자신의 오만한 이해를 불러오기 충분하였으며, 나아가 나 자신이 그런 세계를 모두 알고 있다는 착각에 빠뜨리기에 충분하였다. 그런 오해 속에서 필자는 최근까지 생각을 곱씹을 새도 없이 기계적으로 글을 써 왔고, 거친 호흡을 몰아쉬면서 쫓기듯이 강의를 해 왔으며, 이해와 배려를 뒤로 돌려세우고 싸우듯이 발표와 토론을 해 왔다. 지금에 와서 생각해 보니 그것들은 모두 부질없고 속절없는 행위의 과정이었고, 그런 행위들은 모두 내 자신의 오만한 이해를 덮기 위한 하나의 몸부림이었다는 생각을 지울 수가 없다.

과거에 필자는 한 사상가의 글이 잘 읽히고 쉽게 이해된다는 섣부른 판단에 닥치는 대로 책을 읽고 거침없이 글을 썼다. 그것은 나만의 세계에 갇혀서 한 사상의 깊고도 드넓은 세계를 보려고 하지 않았기에 가능한 일이었다. 하지만 이 시점에서 필자에게는 한 사상가의 글이 제대로 읽히지도 않고 쉽게 이해되지도 않는다. 어제 읽은 그 글과 오늘 읽은 그 글의 의미가 아주 다르게 다가온다. 이제 필자는 나 자신만의 오만함으로 가득 찬 세상에서 박차고 나와, 사상의 깊고도 드넓은 세계를 향하여 작으나마 온 힘을 다해 기지개를 켜 보려고 한다.

2.

순자 사상은 역사적 곡해와 오해 속에서도 그 생명의 끈을 놓지 않고 살아남아 오늘날 여전히 사상사에서 아주 중요한 가치와 의의를 드러내고 있다. 그래서 순자 사상은 '공자학'이나 '맹자학', 그리고 '주자학'처럼 '순자학'이라는 독자적인 철학 체계로서 사상사의 중요한 부분을 차지하고 있다. 그런데 돌이켜 보면 사상사에서 그것은 때로 조롱의 대상이 되기도 하였고, 무시의 대상이 되기도 하였으며, 급기야 반드시 없어져야 할 이단의 대상이 되기도 하였다. 순자가 세상에 던진 무수히 많은 말 중에서 단지 몇 마디의 말이 그 자신의 본의와는 다르게 해석되며 그의 사상에 대한 질곡의 역사를 만들어 냈던 것이다. 그런 역사에서 순자는 오랫동안 사람들에게 유학의 적(이단)으로 각인될 수밖에 없었다.

하지만 우리가 반드시 명심해야 할 것은 크게 두 가지이다. 하나는 순자의 '하늘에 대한 관점'[天論], '본성에 대한 관점'[性惡說], 그리고 '자사子思와 맹자에 대한 비판' 등에 대한 기존의 이해에 함몰되지 말고 그것들의 밑바닥에 그려진 세계를 들여다보아야 한다는 것이다. 또 하나는 순자가 그 당시에 기존의 학자들과는 전혀 다른 방식으로 자신만의 새로운 세계를 그려 나갔다는 것이다. 특히 그가 '십이자十二子'를 비판할 수 있었던 것은 다름 아닌 그가 당시의 학자들이 보려고 하지 않았던 세상을 진심으로 보려고 했기에 가능하였다. 그 결과, 그는 무엇이 진정으로 사람의 삶을 결정하는가에 대한 자신만의 철학적 울림을 세상에 전할 수 있었다. 그 울림은 경천동지驚天動地의 거대한 울림이라기보다도 잔잔하면서 서서히 멀리 퍼지는 범종梵鐘과 같은 울림이었다고 할 수 있다.

3.

필자가 출판사로부터 이 책의 집필을 의뢰받은 지도 거의 5년이 다 되어 간다. 원고 집필 의뢰를 받았을 때만 해도 금방 쓸 수 있을 것 같았으나 지독스러운 독감에 걸린 듯한 개인 사정으로 인하여 차일피일 미루다가 급기야는 마음의 빚으로 남게 되었다. 빚은 빠른 시일 내에 청산해야 하루라도 빨리 그 고통으로부터 벗어날 수 있다는 생각에 올해 들어와서 그런 개인 사정으로부터 조금씩 벗어나 본격적으로 작업에 몰두할 수 있었고, 이제야 출판사에 원고를 보내게 되었다. 항상 빚을 지고 있다는 생각에서 벗어날 수 없었지만, 이제야 마음을 놓을 수 있다는 생각에 일시적이나마 기쁨이 먼저 앞선다. 이 책이 나오기까지 묵묵히 기다려 준 세창미디어의 여러 직원분들께 진심으로 감사의 말씀을 올린다.

2021년 5월 춘천에서

김철운

| 차례 |

1장
순자와 『순자』

1. 순자라는 사람

순자荀子(B.C. 313~B.C. 238)는 이름이 황況, 자字가 경卿으로, 흔히 순경荀卿·손경孫卿으로 불려 왔으며, 전국戰國시대(B.C. 475~B.C. 221) 말기의 조趙나라에서 태어났다. 그가 50세 이전까지 어디서 무엇을 하면서 살았고 어떻게 공부를 했는지는 거의 알려지지 않았다. 오직 그의 50세 이후 삶만이 한漢나라의 역사가인 사마천司馬遷(B.C. 145~B.C. 85)의 『사기史記』에 기록되어 있다. 그 기록에 의하면, 순자는 50세에 조나라를 떠나 제齊나라에 유학하였다. 그런데 그가 유학하기 훨씬 이전부터 제나라의 수도 임치臨淄의 서쪽 성문[西門]인 직문稷門 아래에는 하나의 교육 기관이 있었다. 이는 그 당시에 학자들 사이에서 아주 유명했던 직하학궁稷下學宮이었다. 특히 제나라의 선왕宣王(재위 B.C. 319~B.C. 301)은 문학文學과 유세游說의 선비들을 좋아하여 직하학궁에 천하의 인재를 초빙했고, 그들이 자유롭게 강론과 토론, 집필을 할 수 있게 하였다. 이에 직하학궁은 전국시대에 학술의 중심지가 되었다. 직하학궁을 거쳐 간 대표적인 학자들은 맹자孟子, 신도愼到, 추연鄒衍, 전병田駢, 순우곤淳於髡, 신불해申不害, 팽몽彭蒙, 추석騶奭, 순자荀子 등 다수였다. '직하학파稷下學派'라는 용어는 여기서 유래한다.[1]

순자는 '직하학궁'에서 수년간 학문이 뛰어난 많은 학자들과 교류하면서 학문적으로 많은 영향을 받았고, 이후 그곳에서 상당한 지위와 명성, 그리고 영향력을 지니게 되었다. 그가 직하학궁의 거의 모든 학자로부터 가장 인정받는 최고의 학자로서 좨주祭主(학궁의 장長)의 지위를 세 차례나 역임했던 것이 대표적

1 司馬遷, 『史記』(北京: 中華書局, 1994, 2판 13刷本), 「田敬仲完世家」第十六, "宣王喜文學游說之士, 自如騶衍·淳於髡·田駢·接予·愼到·環淵之徒七十六人, 皆賜列第, 爲上大夫, 不治而議論. 是以齊稷下學士復盛, 且數百千人."

이다.

그런 중에 순자는 제나라에서 모함을 받고 초楚나라로 갔다. 초나라의 재상인 춘신군春申君 황헐黃歇(B.C. 314~B.C. 238)은 그를 난릉蘭陵의 현령[令]으로 임명하고 그곳을 다스리게 하였다. 하지만 얼마 후 순자는 또다시 모함을 받고 초나라를 떠나 조나라로 돌아갔다. 이에 춘신군이 지난 일을 후회하면서 순자를 초빙하자, 그는 초나라로 다시 가서 난릉의 현령이 되었다. 이후 춘신군이 피살되고 순자도 난릉의 현령에서 해임되었으나 그는 난릉에 계속 거주하며 자신의 학설을 정리하여 수만 자의 저술을 남기고 난릉에서 여생을 마쳤다.[2]

순자는 맹자孟子(B.C. 371~B.C. 289)와 마찬가지로 공자 사상을 계승하여 전국시대에서 자신만의 독창적인 철학적 관점을 제출했는데, 잘 알려졌듯이 두 사람의 철학적 출발점은 서로 완전히 달랐다. 맹자는 공자의 "사람의 본성은 서로 비슷하다"(『論

---

2 司馬遷, 『史記』, 「孟子荀卿列傳」, "荀卿, 趙人. 年五十始來遊學於齊. … 而荀卿最為老師. … 而荀卿三為祭酒焉. 齊人或讒荀卿, 荀卿乃適楚, 而春申君以為蘭陵令. 春申君死而荀卿廢, 因家蘭陵. … 於是推儒墨道德之行事興壞, 序列著數萬言而卒. 因葬蘭陵. 여기서 "年五十"이 "年十五"의 전사(轉寫) 과정에서의 오류라고 주장하는 학자들도 있다.

語』, 「陽貨」, "性相近")라는 측면을 발전시켜 사람이 본성 '안'에 본래 있는 사덕四德(인의예지仁義禮智)의 선善함을 발현하는 것이야말로 진정한 사람됨의 도리를 실현하는 것이라는 성선설性善說을 주장하였다. 반면에 순자는 공자의 "사람의 본성은 자라면서 무엇을 배우냐에 따라서 달라진다"(『論語』, 「陽貨」, "習相遠")라는 측면을 발전시켜 사람이 어떤 도덕적 의의나 가치도 없고, 오직 이익만을 좋아하는 본성에 이끌려 가면 악해지기 때문에 스스로의 배움과 노력으로(위僞) 본성을 변화시켜 선한 쪽으로 이끄는 것이야말로 진정한 사람됨의 도리를 실현하는 것이라는 성악설性惡說을 주장하였다.

그런 맹자와 순자 두 사람의 상이한 견해는 극단적 대척점을 이룬다기보다도 '안'을 지향하느냐 아니면 '밖'을 지향하느냐의 차이만이 있다고 할 수 있다. 왜냐하면 비록 두 사람의 철학적 출발점이 서로 달랐다고 하더라도, 그 귀결점은 도덕적 근거를 본성 '안'에 두든 본성 '밖'에 두든 간에 궁극적으로 사람의 도덕적 선함을 발현하는 데 있기 때문이다. 정리하면, 맹자는 그 '안'에 도덕적 의의나 가치를 가지고 있는 선한 '본성'을 마음공부[存心, 存養]로 잘 발현하여 사람됨의 도리를 지켜 나갈 것을 주장하였다. 순자는 그 '안'에 어떠한 도덕적 의의나 가치도 가지고 있지 않은 '본성'을 외재적인 '인위적 학습과 노력'(위僞)으로 잘 교화하여 사람됨의 도리를 지켜 나갈 것을 주장하였다.

결국 순자는 공자를 계승하고 자사와 맹자를 비롯한 전국시대의 여러 학자들과 학파들의 주장을 비판하면서(「비십이자非十二子」편 참조) 그들과는 차별화된 자신만의 경험주의적이고 현실주의적인 철학 체계를 더욱더 확고히 세워 나갔다. 이 때문에 그는 선진先秦시대에서, 독창적인 철학적 견해와 체계를 가진 학자이자 공자와 맹자 이후로 그 누구도 대신할 수 없었던 유학의 스승이 되었고, 그의 철학적 위치는 결코 맹자에 뒤처지지 않았다고 할 수 있다. 따라서 김충열 교수의 순자에 대한 평가는 매우 적절하다고 할 수 있다. 즉 순자는 "중국철학에서 공자에 이어 역사철학과 문화철학의 영역과 그 방법론을 발전시킨 철학자이고 나아가 거기서 얻은 지식(원리)을 가지고 인간의 삶(치국평천하治國平天下의 치도治道 포함해서)의 문제를 해결해 가려고 한, '덕성지德性知'와 함께 '문사지文史知'를 중시한 최초의 대유학자라고 할 수 있다"[3]라는 것이다.

2. 순자가 꿈꾼 세계

순자가 활동했던 전국시대 말기는 천하의 질서 체계가 완전히 붕괴된 '천하무도天下無道'의 시대로서 단 하루도 조용할 날이 없었다. 당시의 많은 제후들은 전국戰國시대라는 말처럼 패권覇權 쟁취를 위한 피비린내 나는 전쟁을 끊임없이 일으켰고, 그 결과 백성들의 삶은 고통 그 자체로 얼룩질 수밖에 없었다. 그는 이런 극도로 혼란한 상황을 종식시키기 위해서 어떻게 천하를 통일하여 붕괴된 질서를 회복할 수 있는가에 자신의 모든 역량을 집중해 나갔다. 왜냐하면 그 당시 모든 사람에게 천하의 통일은 끊임없는 전쟁의 종식을 통해, 오랜 세월 고통받아온 백성들에게 안정된 삶의 기반을 구축해 줄 수 있는 유일한 희망이었기 때문이다.

그때 순자가 제출한 천하 통일의 방법은 '힘에 의한 통일'도 아니었고 '재물에 의한 통일'도 아니었으며, 한편으로 공자가 높이 추켜세운 주周나라의 봉건시대라는 과거로의 회귀도 아

---

3 金忠烈, 『東洋思想散稿(全二冊)』(서울: 온누리, 1988), 120쪽.

니었다. 그것은 오로지 '덕에 의한 통일'일 뿐이었다. 이에 그는 천하 통일의 원칙과 근본을 새롭게 세워서 새로운 시대에 맞는 새로운 천하의 질서 체계를 확립해 나갔다. 그 원칙은 '덕'이었고, 그 근본은 '여러 학파와 학자들의 사상과 언행을 통일하고', '선왕으로부터 전해져서 후왕에서 완성한 통류統流를 통일하며', '천하에서 학식과 능력이 뛰어난 사람들을 모으는 것'이었다.[4] 이것이야말로 그가 계속해서 강조한 '천하 통일을 위한 임금의 통치술'이었다.

그런데 순자는 그런 원칙과 근본만으로는 천하 통일을 달성할 수 없고, 그것을 모두 아우르는 대원칙이 있어야지만 천하 통일을 달성할 수 있다고 보았다. 그것은 바로 성인의 '인위人爲'(위僞)에서 생겨난 '예禮'였다. 그에게서 '예'는 본질상 사람이라면 누구에게나 태어날 때부터 있으면서 속성상 결코 만족을 모르는 '욕망'을 적절히 양육하고 제어함으로써 새로운 천하의 질서 체계를 만드는 사람의 행위 규범이자 인문 세계의 객관 표준이었다. 그는 이런 '예'에 근거하여 이전의 세상과는 전

4　『荀子』, 「非十二子」, "齊言行, 壹統類, 而群天下之英傑."(이하 『荀子』의 편명만 표기함.)

혀 다른 세상을 만들어 나가려고 하였다. 그 세상이란 힘이 강한 사람들이 힘이 약한 사람들을 업신여기거나 지배하는 현실 상황이 종식되어 사람들이 모두 편안하고 자유롭게 살아가는 세상이었다. 또한 그 세상이란 남의 말을 듣지 않고 오직 자기의 생각만이 옳다고 크게 소리치는 사람들을 가르쳐서 조용하게 하여 모두가 화평하게 살아가는 세상이었다. 그리고 그 세상이란 재산이 많은 사람의 재산을 줄이고 가난한 사람들의 재산을 늘려 주어 모두가 함께 잘 살아가는 세상이었다. 이는 그의 말처럼 "사람에게 생명보다 귀중한 것은 없고, 안락보다 즐거운 것은 없으며, 생명을 보전하고 안녕을 즐기는 것이 예의보다 큰 것은 없다"[5]라는 것이다.

결국 순자가 꿈꾼 세계는 뒤에서 보겠지만 '대형大形의 세계'이자 '지평至平(지극히 공평함)의 세계'이다. 이 세계는 강압적 통제나 억압에 의해서가 아니라 항상 각 구성원들의 자율성과 독립성이 보장되고 그들 간의 유기적이고 역동적인 관계가 올바르게 설정되는 세계를 말한다. 다시 말해 이 세계는 남으로부

---

5 「彊國」, "人莫貴乎生, 莫樂乎安, 所以養生安樂者, 莫大乎禮義."

터 구속이나 지배를 받지 않고 사회에서 맡은 직분을 스스로 해 나가거나, 남에게 의존하지 않고 사회에서 드러나는 문제들을 스스로 풀어 나가면서 전체가 하나로 움직이는 유기적 세계이다.

3. 순자에 대한 무시와 인정

순자는 그 자신의 철학적 뿌리를 공자에 두고, 당시 여러 학자들과 학파들의 주장에 대한 비판적 관점을 제출하면서 경험주의이자 현실주의에 바탕을 둔 그 자신만의 독창적인 철학 체계를 확립하여 세상에 널리 알렸다. 이런 철학 체계는 그의 제자인 한비자韓非子(B.C. ?~B.C. 233)와 이사李斯(B.C. 284~B.C. 208)에게도 그대로 전해졌지만, 그들이 받아들인 것은 스승의 가르침과는 근본적으로 달랐다.

먼저 한비자는 순자의 '성악설'을 받아들이면서도 사람의 본성을 위선적인 것으로 규정하였다. 그리고 이것이 오직 악한 행위만을 일으키기 때문에 외재적 표준인 '법法'으로 그런 행위를 금지시켜야 한다고 주장하였다. 하지만 순자는 사람이 본성에 이끌려 가면 악해진다는 것을 인정하면서도 그 악함을 바로 잡을 수 있는 하나의 근본적 장치를 상정하였다. 이는 고금古今의 표준[權衡]이자 객관 규율인 '도道'(예禮)인데, 즉 그는 '텅 비우는'[虛]·'하나로 하는'[壹]·'고요하게 하는'[靜] 마음공부로 그 '도'를 인식할 때(받아들일 때) 반드시 선해질 수 있다는 긍정적 여지를 남겨 놓았던 것이다.

한편 이사는 순자로부터 제왕의 통치술을 배웠으면서도[6] 그 당시의 현실 정치라는 힘의 논리에 함몰되어 진시황의 전제적 통일 제국의 기반을 확립하는 데 크게 기여하였다. 하지만 뒤에서 보겠지만 순자가 제출한 임금의 통치술은 전제적 힘의 논리에 기반한 통치술과는 근본적으로 달랐다. 그 통치술은 '덕'에 의한 정치와 통일이었고, 이것이야말로 진정으로 천하 사람들에게 삶의 안정과 평화를 가져다주는 것이었다. 따라서 스승의 사상과 배치되는 한비자와 이사의 주장은 그들을 비판하는 후대의 학자들이 순자까지도 비판하게 만든 근본 요인으로 작

---

6   司馬遷, 『史記』, 「李斯列傳」, "從荀卿學帝王之術." 및 『史記』, 「孟子荀卿列傳」, "李斯嘗為弟子, 已而相秦."

용하였다고 할 수 있다.

한나라에 오면 순자는 공자 사상을 계승한 사상가로 어느 정도 인정받기는 하였는데, 다만 공자의 직계直系가 아닌 방계傍系로 분류될 뿐이었다. 특히, 서한 말기의 양웅揚雄(B.C. 53~18)은 순자를 "같은 집이지만 방이 다르다"[7]라고 평가하며 그를 정통의 옆으로 밀어냈다. 즉 그가 형식적 측면에서 공자의 사상을 계승하기는 하였지만(집), 내용적 측면에서 공자의 사상과는 다른 길로 갔다(방)는 것이다. 이런 분위기는 당나라 말기의 사상가인 한유韓愈(768~824)에까지 이어졌다. 그는 "맹자가 순수하고 순수한 반면에, 순자는 대체로 순수하기는 하되 약간의 흠(성악설을 가리킴)이 있다"[8]라고 하여 맹자를 공자의 진정한 계승자로 추켜세우고 순자를 그 계승자의 위치에서 밀어냈다. 즉 맹자는 철저하게 공자 사상을 계승한 반면에 순자는 그것을 계승하기는 했어도 아주 중요한 부분에서 철저하게 곡해했다는 것이다.

---

7   揚雄, 『法言』, 「君子」, "至於子思孟軻詭哉, 曰吾於孫卿與, 見同門而異戶也."
8   韓愈, 『讀荀子』, "孟氏, 醇乎醇者也, 荀與揚, 大醇而小疵." 왕선겸은 자신의 『순자집해(荀子集解)』의 「서(序)」에서 한유가 순자의 성악설에 근거하여 "약간의 흠"이라고 말했다고 하면서 성악설이 순자의 본의가 아니라고 주장한다.(王先謙, 『荀子集解』, "餘謂性惡之說, 非荀子本意也.")

이런 일련의 과정에서, 한유에 의해 순자가 철저하게 배제된 유가의 도통관道統觀이 확립되었고, 이에 그는 사상사의 중심에서 철저하게 멀어질 수밖에 없었다.

송宋나라와 명明나라 대에 오면 순자는 더 이상 일부분이라도 공자 사상을 계승한 학자도 아니고, 유학자도 아니게 된다. 먼저 소식蘇軾(1037~1101)은 순자를 '순우월淳於越(?~?)이 봉건제도의 회복을 주장하자 이사가 반대하면서 발생한 분서焚書 사건'에 단초를 제공했던 사람으로 지목했으며, 또한 그를 오직 공자 사상을 완전히 벗어나 이설異說만을 좋아하는 사람으로 규정하였다. 하지만 여기서 고려해야 할 것은 역사적 사실에서 순자와 분서 사건이 어떠한 연관도 없다는 것이고, 아울러 이사의 그런 행위를 순자에게 돌리는 것도 지나친 억측이라는 것이다. 아래에 소식이 지은 『순경론荀卿論』 전문의 일부를 실어 본다.

예전에 일찍이 나는 이사가 순자를 섬기다가 이윽고 그 책을 불 태워 없애고 옛날 성왕의 법도를 모두 변경하여 그 스승의 도를 원수처럼 여길 뿐만이 아님을 이상하게 여겼다. 이제 내가 순경 의 책을 읽어 본 뒤에야 이사가 진나라를 섬김이 모두 순경에서 나와 괴이할 것이 없음을 알았다. 순경은 이설을 좋아하여 사양하지 않고 감히 고상한 이론을 하여 돌아오지 않은 자이니, 그 말은 어리석은 자가 감탄하는 것이고, 소인들이 좋아하는 것이다.[9]

특히 정이程頤(1033~1107)와 주희朱熹(1130~1200) 등의 유학자들은 더 나아가 맹자의 '성선설'을 계승하고, 순자의 '성악설'을 배척하는 속에서 그를 철저하게 유가의 정통에서 밀어냈고, 결과적으로 이단시하였다. 그 핵심은 순자가 '성악을 주장한 것'과 「비십이자非十二子」편에서 '자사와 맹자를 비판한 것', '유가 전통의 하늘 개념을 받아들이지 않은 것'이 그 배척의 핵심 요인이었다. 이후로 순자 사상은 오랫동안 세상에 잘못 알려지게 되었을 뿐만 아니라 사람들의 관심에서 더욱더 멀어지게 되어 제대로 된 평가를 받지 못하게 되었다.

청淸나라에 와서는 송·명의 유학자들과는 다르게 순자 사상을 새로운 시각으로 보려는 유학자들이 많이 등장하였다. 특히

---

9 蘇軾, 『荀卿論』, "昔者常怪李斯事荀卿, 焚滅其書, 大變古先聖王之法, 於其斯之道, 不啻若寇讐, 及今觀荀卿之書, 然後知李斯之所以事秦者皆出於荀卿, 而不足怪也. 荀卿者, 喜爲異說而不讓, 敢爲高論而不顧者也. 其言, 愚人之所驚, 小人之所喜也."

이때에는 이전의 유학자들에 의해서 전개된 '마음을 닦는 공부'를 강조하는 관념적인 학문 태도(현실성이 없고 추상에 흐르는)에서 벗어나 '경세치용經世致用'을 강조하는 현실적인 학문 태도(실질적이고 구체적인 것을 구하는)로 새로운 학문 방법을 구성해야 한다는 반성이 일어나기 시작하였다. 이런 사회적 분위기에서 그들은 순자의 여러 주장들을 분석하거나 적극적으로 그 안에서 새로운 사상의 자원을 발굴하기도 하였고, 심지어는 순자 사상을 무기로 송나라의 유학자들인 정이와 주희의 사상을 공격하기도 하였다.

청나라의 유학자들은 대체로 순자 사상이 공자와 맹자의 사상에 크게 위배되지 않는다고 변론하면서 송나라 시대에 진행된 사람의 본성과 욕망에 대한 억압을 비판하고, 사람의 자연스러운 본성과 감성 욕구 및 현실의 이익에 대해서 충분히 긍정하고 높일 수 있었다. 이런 사회적 분위기에서 등장한 사용謝墉(1719~1795), 노문초盧文弨(1717~1795), 왕념손王念孫(1744~1832), 유태공劉台拱(1751~1805), 학의행郝懿行(1757~1825), 왕중汪中(1744~1794), 주준성朱駿聲(1788~1858), 유월兪樾(1821~1907) 등의 학자들은 『순자』를 주석하여 알기 쉽게 풀이하거나 순자 사상에 대해서도 많은 연구와 저술을 하였다. 결과적으로 이런 노력들은 한편으로 사상사에서 순자를 높이는 긍정적인 결과를 가져왔다고는 하지만, 또 한편으로 맹자를 소홀히 하는 부정적인 결과를 가져왔다는 사실도 간과해서는 안 될 것이다.

근대에 오면, 학자들은 순자 사상을 더욱 다양한 측면에서 주목하였고, 점차적으로 순자 사상의 진정한 가치를 재발견해 나갔다.

결국 오늘날 순자는 중국 사상사에서 경험주의이자 현실주의의 철학 체계를 확립한 사상가로, 더 이상 유학의 이단자가 아니다. 그는 공자 사상의 계승자로 공자가 세운 유학이라는 큰 틀 안에서 '공자학'이나 '맹자학'처럼 '순자학'이라는 독립된 철학 체계를 가진 사상가로 평가될 뿐이다. 이 때문에 공자 이후에 전개된 유가 사상은 맹자나 순자 중 어느 한 사상에 치우쳐서는 안 되고, 반드시 두 사상을 동일 선상에 올려놓아야 한다. 철학적 출발점은 서로 다르지만 그 종착점이 서로 같다는 점을 전제하는 속에서 논의가 진행될 때에 그 진정한 의의와 가치가 충분히 드러나기 때문이다.

4. 『순자』라는 책

『순자』는 각 '편篇'의 첫머리 글자를 따서 제목을 삼았던 『논어論語』나 『맹자孟子』와는 다르게 각 편마다 그 내용에 알맞은 제목을 붙이고, 그 아래에 순자 자신의 관점을 논리적으로 잘 서술한 책이다. 이 책은 처음부터 현재의 『순자』 형태로 전해지지 않았다. 현재의 『순자』는 총 20권 32편인데, 이 책은 전국시대의 다른 제자백가諸子百家의 책처럼 한 사람에 의해서 집필된 것이 아니다. 『순자』는 본래 순자 자신이 저술한 것과 그 제자들이 기록한 것이 뒤섞여 있었고, 내용이 잡다했으며, 그 양도 일정하지 않았으나 편집 과정에서 정리하여 현재의 형태로 남게 되었다.

한나라 시대에 『순자』는 원래 322편이 조금 넘었는데, 궁궐 안의 도서관에 여러 부분으로 나뉘어 여기저기 흩어져 있었다. 전한前漢 말기의 유향劉向(B.C. 77~B.C. 6)은 그것들을 정리하고 교정하여 중복된 290편을 제외한 뒤 32편으로 편성했고 『손경신서孫卿新書』라는 제목을 붙였다. 그 편목을 보면 순서상 약간의 차이가 있으나 현존하는 『순자』와 대부분 일치한다.

당唐나라의 양경楊倞은 유향의 『손경신서』를 새롭게 교정하여 주석을 달았는데, 즉 책의 구성과 내용에서 줄일 것은 줄이고 없앨 것은 없애며, 부족한 것은 채워 넣어 20권 32편으로 정리하였다. 이것이 『순자주荀子注』이고, 후대에 약칭하여 『순자』로 불렸으며, 현재 통용되는 『순자』이다. 양경의 『순자』는 이후 별다른 수정 없이 그대로 전해졌고, 다만 주석 작업이 끊이지 않았다.

청나라의 대표적인 주석서는 사용의 『순자양경주교荀子陽倞注校』, 노문초의 『순자전교荀子箋校』, 왕념손의 『독서잡지讀書雜志:荀子』, 유태공의 『순자외주荀子外注』, 학의행의 『순자보주荀子補注』, 왕중의 『순경자통론荀卿子通論』, 주준성의 『순자교평荀子校評』, 유월의 『순자평의荀子平議』 등이다.

청나라 말기의 왕선겸王先謙(1842~1917)은 앞 시대의 여러 학자들이 연구한 것들을 체계적으로 잘 나누고 다시 하나로 합하면서 그 사이사이에 자신의 생각을 집어넣어 『순자집해荀子集解』를 완성하였다. 이 책은 오늘날 순자 사상의 연구에 없어서는 안 될 『순자』 주석서의 집대성이다. 이후에도 많은 학자들이 『순자집해』를 토대로 『순자』에 대한 새롭고도 다양한 주석을 시도하였다. 대표적인 주석서는 유사배劉師培(1844~1919)의 『순자보석荀子補釋』, 양계웅梁啓雄(1900~1965)의 『순자간석荀子簡釋』, 양류교楊柳橋의 『순자고석荀子詁釋』, 베이징대학 철학과의 『순자신주荀子新注』 등이다.

『순자』의 핵심 내용은 크게 다음의 세 가지이다.

첫째, 사람의 직분과 하늘의 직분은 어떠한 관계도 없다.

둘째, 사람의 뛰어난 점은 분별력(변辨)이 있고 의리가 있으며 공동체를 형성한다.

셋째, 사람의 본성은 악하므로, 인위적인 배움과 노력으로 선한 쪽으로 이끌어야 한다.

『순자』의 각 편들은 모두 중요한데, 지면 관계상 그중에서 핵심적인 몇몇 편을 골라 그 요지를 간략하게 서술한다.

「권학勸學」1

'학문을 권장한다.' 순자는 사람의 역량에 무한한 신뢰를 전제로 하는 학문의 필요성과 그 의의·방법·효과 등을 구체적으로 기술한다. 그는 사람을 선천적 재능이 아니라, 후천적이고 인위적인 노력으로 쌓은 학문으로 도덕적으로 변화시키고 사회 발전을 이룰 수 있다고 본다. 그 유명한 '청출어람青出於藍'이 나오는 곳이다.

「비상非相」5

'관상학을 비판한다.' 순자는 사람의 용모나 골상을 관찰하여 길吉·흉凶·요夭·상祥을 알 수 있다는 관상가와 용모에만 힘쓰는 그 당시의 세태를 비판한다. 그는 사람의 외모가 아니라 '마음가짐을 따져서 정확한 학문에 견주는 방법'(택술擇術)으로 인물의 선함과 악함을 판단할 것을 강조한다. 사람의 귀함과 천함, 행복과 불행은 사람의 용모와는 전혀 관계없고 자신의 학습과 노력으로 어떠한 삶을 선택했는가에 의해서 결정된다는 것이다.

「비십이자非十二子」6

'전국시대에 영향력을 크게 떨치던 열두 명의 사상가를 비판한다.' 순자가 어떠한 시대 상황에서 살았고, 그런 상황에서 왜 그들에 대해서 강도 높은 비판을 하였는가를 구체적으로 알 수 있다. 그는 열두 명의 사상가들이 사람들을 홀리고 사회를 혼란에 빠뜨렸기 때문에 그들에 대한 비판은 사회를 올바르게 이끄는 핵심 근거라고 본다. 그는 후반부에서 주로 사士·군자君子의 진실한 모습에 대해 서술하고 미혹에 빠지는 것에 대해 경종을 울리고 있다.

「왕제王制」9

'왕자王者의 정치제도이다.' 순자는 왕자가 나라를 다스림에 있어 지녀야 할 마음가짐과 그 시책을 여러 측면에서 상세하게 논의한다. 그는 왕자를 지향해야 할 목표로 삼으면서도 패자覇者를 결코 배제하지 않는다. 실제로 패자를 현실적인 것으로 평가한다는 점은 맹자와 아주 다른 특색이다.

「부국富國」 10

'국가를 부유하게 한다.' 순자는 '국가의 부'가 '백성의 부', 즉 '전체의 공존을 위한 부'의 추구에 그 근본 목적이 있다고 주장한다. 이를 위해 그는 후왕이 제정한 예의법도를 확립하고 신분의 차이와 상하의 구별을 명확히 하여 각자가 그 직분을 다해야 한다고 강조한다. 특히 그는 묵자墨子(B.C. 470?~B.C. 391?)의 비악非樂(음악을 비난함)과 절용節用(비용을 절약함)에 대한 주장이 너무나 현실성이 없고, 결과적으로 국가의 경제 발전에 전혀 도움을 주지 못한다고 비판한다.

「천론天論」 17

'하늘을 논의한다.' 순자는 하늘이 신비한 힘을 지닌 존재가 아니라 스스로 변화하는 자연 세계이기 때문에 사람들은 그것을 두려워할 필요가 없다고 서술한다. 그는 하늘에 대한 기존의 주장을 비판하고 자연 현상이 사람의 의지와는 전혀 관련이 없는 것이라고 본다. 하늘은 단지 사람의 의지와는 무관하게 그 스스로 움직이면서 변화하는 '자연 세계'일 뿐이다. 그래서 그는 하늘과 사람의 합일(천인합일天人合一)이 아니라 하늘과 사람의 분리(천인분이天人分二)를 주장한다. 사람의 참된 삶이란 하늘에 대한 무조건적인 복종에서 벗어나 그 자신의 역량을 발휘하여 자연을 개조할 때 가능하다는 것이다.

「정론正論」 18

'논의를 바르게 한다.' 순자는 전국시대의 여러 학자와 학파들의 논의를 강도 높게 비판하고 그 잘못을 바로 잡기 위한 방법을 논의한다. 그는 일반에 전해지는 속설을 모두 타파하고 그 자신의 세계관을 확립해 나간다. 특히 송견宋鈃이 주장한 과욕寡欲(사람의 감정이란 많기를 욕망하는 것이 아니라 적기를 욕망하는 것)의 문제점을 비판적 관점에서 심도 있게 논의하여 그 올바른 방향을 제시한다. 또한 그는 명名과 실實의 일치를 강조한다.

「예론禮論」 19

'예를 논의한다.' 순자는 '예'의 성립 기원과 그 기능을 자세하게 논의한다. 그는 사람들이 욕망을 스스로 조절하지 못하여 사회가 혼란해졌기 때문에 성인의 후천적인 학습과 노력으로 만들어진, 즉 성인이 사려를 쌓고 인위(위僞)를 익혀서 완성한

'예'로 사회의 혼란을 종식시켜야 한다고 주장한다. 후반부에서 그는 의례儀禮 가운데 상례喪禮가 가장 엄숙히 거행되어야 한다고 주장하고, 유가가 강조하는 삼년상에 관한 의의를 자세하게 밝히며 죽은 사람에 대한 제사도 논의한다.

「악론樂論」 20

'음악을 논의한다.' 순자는 음악이 어떻게 발생하였고, 그 사회적 효과가 어느 정도인지를 구체적으로 서술한다. 그는 묵자의 비악非樂이 음악 자체를 부정하는 것이라고 보고서 강도 높게 비판한다. 음악은 본래 천지 만물의 자연스러운 상태를 본떠서 제정한 것이며, 사람의 정서를 순화시키고 사회를 교화시키는 데 없어서는 안 될 아주 중요한 것이다. 특히 그는 사람의 마음을 정서적으로 안정시켜 주는 '바른 음악'(정악正樂)과 사람의 마음을 더욱 방탕하게 만드는 '사악한 음악'(사음邪音)의 구별을 강조한다.

「해폐解蔽」 21

'한쪽으로 치우치는 폐단을 해결한다.' 순자는 사람이 외부 사물을 올바르게 인식할 수 있는 것을 방해하고 사실을 있는 그대로 정확히 판단할 수 있는 것을 가로막는 갖가지 폐단을 제거하여 전체를 인식하는 방법을 제시한다. 특히 그는 묵가 일파·궤변론자·법가 등의 주장들을 배척한다. 즉 순자는 이들이 한 끝자락을 잡고도 전체를 잡고 있다고 말하는 자들로, 사람들의 정신을 흐리멍덩하게 만들어 전체를 인식하지 못하게 한다고 보았다. 이런 폐단을 벗어나는 길은 마음이 예의禮義를 하나의 표준으로 삼고 사물을 인식해 나갈 때만 가능하다.

「정명正名」 22

'명칭을 바르게 정한다.' 순자는 사물의 인식에 있어 그 개념을 정확하게 분석하고 이해해야 한다고 주장한다. 그는 사회의 혼란이 발생한 원인을 명분과 실질이 서로 어그러졌기 때문이라고 보고, 그 당시에 널리 퍼진 궤변들을 철저하게 비판하는 논리를 전개한다. 이는 공자의 정명 사상을 계승하여 발전시킨 것이다.

「성악性惡」 23

'사람의 본성은 악하다.' 순자는 사람이 외부로의 확장을 꾀하는 본성을 따라가게 되면 악해지기 때문에 사람은 본성을 성인이 후천적인 학습과 노력으로 쌓은 결실인 인위(위僞)로 변화시켜 착하게 해야 한다고 주장한다. 즉 본성과 인위의 관계에서 사람은 본성을 그냥 내버려 둘 것이 아니라 인위로 새롭게 변화시켜 그 선함을 드러내야 한다는 것이다. 이것이 그 유명한 화성기위化性起僞이다. 특히 순자가 맹자의 성선설을 정면으로 반박하는 것도 주목할 만하다.

2장
하늘을 제어하고 이용하다

1. 하늘은 스스로 변화하는 자연 세계다

오늘날 과학의 시대에서 '하늘'[天]이라는 개념은 '자연계에서 일어나는 다양한 현상을 연구하는' 자연과학(생물학·물리학·화학·지질학·천체학 등)의 대상이며, 상식상 그것을 사람의 불가항력적인 일을 해결해 줄 수 있는 존재로 보는 사람은 아무도 없을 것이다. 이와 같은 상식을 가지고 당시의 하늘에 대한 자신만의 독창적 관점을 피력한 사람이 바로 순자다. 뒤에서 보겠지만 순자가 살던 시대의 과학 발전을 감안했을 때, 순자의 관점은 그가 당시의 시대를 훨씬 앞서간 얼마나 대단한 학자인지를 잘 보여 준다고 할 수 있다.

그런데 과학의 미발달 시대에서 살았던 고대 중국인들은 자연환경을 극복할 능력이 부족하였기 때문에 자연계를 신비와 공포의 대상으로 인식하고 여러 자연물에 신성神性을 부여하였다.[1] 특히 그들은 사람의 힘으로 행하지 못하는 불가능한 일이나 사람의 능력으로 쉽게 결정하지 못하는 문제들이 그들이 특별히 신성하다고 생각한 '하늘'에 의해서 해결될 수 있다고 보았다. 그 결과 하늘은 만물의 중심이 되어 모든 것을 맡아서 처리하는 주재천主宰天의 의미이자 사람들에게 그 자신의 의지[天意]를 심어 두려움을 갖고 복종케 하는 인격천人格天의 의미로까지 확대되었다.

물론 여기서 간과할 수 없는 것은 '하늘'이 결코 일마다 간여하는 주재자가 아니고, 단지 어떤 사람의 힘이 어찌할 수 없는 문제들에 한해서만 주재력을 나타낸다는 것이다.[2] 즉 하늘은 사람이 일상에서 언제나 복을 빌 수 있는 기복祈福적 존재가 아

---

1   윤내현, 『商周史』(서울: 민음사, 1984), 73쪽.
2   勞思光, 『中國哲學史(古代篇)』(정인재 역, 서울: 탐구당, 1987), 43쪽.

니라 오직 사람이 처한 어떤 극한 상황에서만 문제의 해결을 위한 실질적 힘을 발휘하는 존재라는 것이다. 엄밀하게 말해 하늘은 오직 특별한 사람을 매개자로 하여 자신의 뜻[天意]을 나타내는 신탁神託을 통해서 주재력을 드러낸다. 이런 '하늘'에 대한 사람들의 기대감 속에서 하늘은 '무형無形의 신권神權·무대무한無大無限·지위가 있는 신神(하늘에는 이성의 의지가 있으므로 명령을 하여 법도를 세운다는 것)·전지전능全知全能·영원무상永遠無常'[3]한 존재의 위치에까지 올랐던 것이다.

그러한 일련의 과정에서 우주의 절대적이고 지고至高한 신神이라는 의미를 가지고 등장한 '하늘' 개념이 은殷나라의 상제上帝였다. 이 '상제'의 등장은 사람들에게 하늘을 행운과 불운을 가져다주는 힘의 원천으로 인식시키기에 충분하였다. 그래서 그것은 사람들의 개별적 또는 공통적 운명을 지배하는 신비적·절대적 존재라는 믿음[4]과 권선징악의 주재자로서 모든 새로운 왕조의 탄생과 정치적 변천까지도 결정한다는 믿음의 근거로

---

3   羅光, 『中國哲學大綱』(臺灣: 臺灣商務印書館, 1979, 4판), 60-62쪽.
4   송영배, 『中國社會思想史』(서울: 한길사, 1988), 27쪽.

작용하였다.[5] 결국 이런 상제는 은나라 중심의 배타적이고 권위적인 성격을 지닌 존재라는 의미에서 벗어날 수 없었고, 은나라의 멸망과 함께 역사의 무대에서 사라졌다.

그런 '하늘'에 대한 믿음은 시간이 지나며 거듭된 사람 지혜의 성숙과 문명의 발달로 나타난 새로운 시대적 요구에 의해서 대폭 수정될 수밖에 없었다. 그 요구의 핵심은 '사람 삶의 중심이 결코 하늘이 아니라 사람'이라는 의식의 대전환이었다. 이런 대전환 속에서 나타난 것은 다름 아닌 "하늘의 명령은 항상 한 사람에게만 있는 것이 아니다"라는 주周나라의 '천명미상天命靡常'의 천명관天命觀이었다. 즉 하늘은 어느 누구도 영원히 임금의 지위에 있도록 미리 정해 놓지 않았고, 때때로 새로운 명령을 내려 새로운 사람에게 명령함으로써 그를 임금으로 삼으며, 또한 그런 임금도 덕德을 잃으면 이전의 임금과 마찬가지로 하늘이 명령하여 그 지위에서 물러나게 한다는 것이다.

여기서 중요한 사실은 주나라의 천명관이 처음에 정치상 왕권의 존속이라는 통치 논리의 확립 속에서 등장하기는 했지만,

---

5　王治心, 『中國宗教思想史』(전명용 역, 서울: 이론과 실천, 1988), 61쪽.

이후에 '덕'이라는 사람들 자신의 자각으로 귀착되어 유가가 지향하는 사람 중심의 사상 체계를 세우는 데 획기적인 전환점이 되었다는 것이다. 따라서 그런 하늘에 대한 인식의 대전환 속에서 사람은 더 이상 하늘에 자신의 삶을 내맡기는 존재가 아닌 하늘로부터 독립한 존재이자 자신의 앞에 놓인 여러 어려움을 하늘에 돌리지 않고 주체적인 자각 정신을 발현하여 자신의 행위에 대한 책임을 담당해야 하는 존재로 거듭날 수 있었다고 할 수 있다.[6]

그런 일련의 과정에서 하늘은 공자와 맹자 시대에 오면 철저하게 신비적·절대적·권위적 존재의 의미나 정치상의 의미에서 벗어나 사람의 도덕성을 보증하는 도덕적 근거의 의미로 전환되었다. 이는 나광羅光의 "하늘이라는 글자를 던져 버리고 유학의 인문주의를 강론하는 것은 유학의 전통 사상이 아니다"[7]라는 주장처럼, 유가의 전통에서 아주 중요한 사상적 전환점이었다. 그리하여 그 후로 유가의 전통에서 하늘은 『중용·中庸』의

---

6 徐復觀, 『中國人性論史(先秦篇)』(臺北: 臺灣學生書局, 1984, 7판), 20-24쪽. 이는 서복관에 의해서 처음 제출된 '우환의식(憂患意識)'을 말한다.
7 羅光, 같은 책, 56쪽.

"하늘이 명하는 것을 본성이라 한다"[天命之謂性]에서 보듯이, 사람의 도덕성을 보장하고 보증하는 근원지로서 아주 중요한 의미를 지니게 되었다.

하지만 순자에 오면 그 이전의 절대적이고 권위적인 존재로서의 하늘이나 공자와 맹자의 도덕적 근거로서의 하늘은 더 이상 그 실질적 의미를 갖지 못하게 된다. 분명히 그의 '하늘'은 좁은 의미에서 모든 별, 해와 달, 네 계절, 음과 양, 추위와 더위, 바람 등의 우주 자연 현상을 가리키고, 넓은 의미에서 천지 만물을 두루 포함하고 사람의 형체 백관을 포함한다.[8] 이런 '하늘'은 오로지 사람의 삶과 무관하게 스스로 움직이면서 변화하는 '자연 세계'일 뿐이다.

순자의 그런 '하늘' 개념은 기본적으로 도가道家의 '하늘' 개념과 그 맥락을 같이하지만, 궁극적으로는 그 지향점이 다르다. 특히 호적胡適의 평가는 그러한 점을 잘 보여 준다. 즉 "순자가 도가의 '도법자연道法自然' 사상을 받아들여 하늘을 영원불변한 자연체라고 승인한 점에서는 도가의 하늘과 다를 것이 없지

---

8   陳大齊, 『荀子學說』(臺灣: 中國文化大學出版部, 1989), 13쪽.

만, 도가의 하늘 관념이 낳은 안명安命(하늘의 명에 따라 분수에 맞게 살다)과 수구守舊(아주 먼 과거로 회귀하는 것)라는 좋지 못한 결과를 떼어 버린 것 때문에 그는 도가보다도 한 단계 높은 입장에서 하늘을 논의했다"[9]라는 것이다. 여기서 '한 단계 높은 입장'이란 무엇일까? 생각건대, 그것은 순자가 '하늘'을 일정한 법칙에 따라서 기계적으로 운행되는, 즉 어떤 목적이나 의지를 가지고 사람에게 명령하는 존재가 아니라 사람과 독립해서 운행되는 하나의 자연적 객관 객체로 보았다는 것이다. 간단하게 말해 그의 하늘은 "자연과학적 의미의 법칙이고, 이 법칙은 기계적 운행"[10]이라는 것이다.

이제 순자는 그런 하늘에 대한 관점을 통해서 자연계의 모든 현상이란, 결코 자연 세계의 '밖'에 있는 어떤 초자연적이고 절대적 존재에 의해서 일어나는 현상이나 사람의 도덕성을 보증하는 도덕적 근거가 아니라 단순히 행위를 하지 않고도 이루어지고 구하지 않고도 얻는 아주 자연스럽게 일어나는 현상일 뿐

9 　胡適, 『中國古代哲學史』(臺北: 臺灣商務印書館, 1982, 5판), 33쪽.
10 　徐復觀, 같은 책, 226쪽.

이라고 주장한다.[11] 즉 자연 현상은 사람이 알 수 없는 어떤 외부의 힘에 의한 결과가 아니라 사물 자체 내부의 끊임없는 운동 변화의 결과라는 것이다.[12] 이는 자연 현상에 조금만 관심을 가져도 충분히 알 수 있는 일이다. 예컨대, 그의 말처럼 "하늘의 운행에는 일정한 법칙성이 있는데"(「天論」, "天行有常"), 즉 "줄지은 별들이 따라 돌고 해와 달이 번갈아 비추며 네 계절이 잇달아 바뀌고 음과 양이 큰 변화를 일으킨다"[13]라는 것이다. 이렇듯이 모든 자연 현상은 사람과 무관하게 자연 세계 안에서 끊임없이 일어난다. 특히 자연 세계 속에서는 오로지 사계절의 운행에 따라 기후 변화와 절기의 변화가 나타나며, 이에 따라 만물은 생겨나고 자라나고 사라지는 현상을 끊임없이 반복할 뿐이다.

순자는 그런 관점으로 '하늘에서 별이 떨어지거나 바람이 불어 나무에서 이상한 소리가 나는 현상'에 대해서 사람들이 두려움을 갖지만, 이는 어떤 초자연적 힘의 작용이 아니라 단지 드

---

11 「天論」, "不爲而成, 不求而得, 夫是之謂天職."
12 「禮論」, "天地合而萬物生, 陰陽接而變化起."
13 「天論」, "列星隨旋, 日月遞炤, 四時代禦, 陰陽大化."

물게 일어나는 자연 변화의 현상이고, 이에 대해 사람들이 기이하고 이상하게 생각하는 것은 옳으나 '공포심'이라는 극도의 감정을 드러내는 것은 옳지 않다고 주장한다.[14] 분명히 '하늘'은 "요라는 훌륭한 임금이 나왔기 때문에 존재하는 것도 아니고 걸이라는 악독한 임금이 나왔기 때문에 없어지는 것도 아니듯이"(「天論」, "不爲堯存, 不爲桀亡"), 사람의 주관 의지로도 옮길 수 없고, 나아가 사람의 삶에 대해서도 결코 직·간접적인 결정 작용을 할 수 없다. 그래서 사람은 하늘의 여러 현상들에 대해 두려워하는 감정이나 하늘에 의지하여 복을 바라는 믿음 등을 가질 것이 아니라 자연을 개조하는(「天論」, "制天而用之"="하늘을 제어하고 이용하는") 능력을 길러서 자신의 삶을 스스로 개척해 나가야 한다. 따라서 그에게서 사람은 자연계의 다양한 변화 현상이 어떻게 일어나는가에 대한 객관적 이해(오늘날로 말하면 자연 현상에 대한 정확한 데이터를 가지고 그것을 분석하고 종합하는 것)를 동반할 때 그 자신의 자각 의지를 발휘하여 자연을 개조할 수 있으며, 이

---

14 「天論」, "星隊, 木鳴, 國人皆恐. 曰, 是何也. 曰, 無何也, 是天地之變, 陰陽之化, 物之罕至者也. 怪之, 可也. 而畏之, 非也. 夫日月之有蝕, 風雨之不時, 怪星之黨見. 是無世而不常有之."

를 통해 그 자신의 삶의 방향을 결정할 수 있다고 할 수 있다.

2. 하늘의 직분이 있고 사람의 직분이 있다

과연 사람의 길흉화복吉凶禍福은 어디에서 오는가? 이에 대한 순자의 입장은 아주 단호하다. 그것들은 그들 자신의 하늘에 대한 순종 여부와 전혀 관련이 없고, 오직 그들 자신의 후천적 노력 여부에 의해서만 결정된다는 것이다. 왜냐하면 그가 볼 때 하늘에는 하늘의 직분이 있고 사람에는 사람의 직분이 있으며, 둘 사이에는 결코 어떠한 연관 관계도 없기 때문이다. 그래서 사람은 자신의 직분에 충실하면 그만이지 하늘의 영역에까지 나아가서 하늘의 직분에 관심을 둘 필요가 없다. 이것이 그의 "하늘과 사람은 둘이다"天人分二라는 주장이다.

순자의 '하늘과 사람은 둘이다'는 주장은 그의 사상적 출발점과 지향점을 알리는 아주 중요한 핵심 근거다. 이것은 기본적으로 하늘과 사람의 극단적인 대립 관계를 전제하는 것이 아니라 하늘의 직분과 사람의 직분을 밝혀서 하늘이 결코 사람에게 어떤 길흉화복을 주는 존재가 아니고, 사람도 그러한 하늘에 의해서 좌지우지되는 존재가 아님을 전제한다. 즉 사람의 길흉화복이 발생하는 근본 원인은 사람의 '밖'이 아닌 사람의 '안'에 있으며, 그 결과의 책임 또한 전적으로 사람의 '안'에 있으니, 사람이 이 모든 것을 짊어져야 한다는 것이다. 이렇게 보면, 그에게서 사람이 자신에게 불행한 일이 생기면 하늘을 원망하고, 반대로 행복한 일이 생기면 하늘에 감사하는 모든 행위는 다 어리석은 행위로 비춰질 뿐이다.

순자는 사람과 관련된 모든 일이란 오직 사람의 노력에 의해서만 결정된다고 보았다. 그래서 그는 사람의 모든 불행에 대해 "하늘을 원망해서는 안 되며 도리가 그런 것이다"[15]라고 하여, 사람의 하늘에 대한 모든 감정적 요인들을 다 배제해 나갔다. 그의 말대로 하늘은 만물을 낳으나 그것을 분별할 수 없고, 땅은 사람을 실으나 그들을 다스릴 수 없으며, 우주의 만물과 살아 있는 사람은 모두 성인을 기다린 이후에 분별되기 때문이다.[16] 간단하게 말해 '하늘은 낳고 사람이 완성한다'[天生人成]는

---

15 「天論」, "不可以怨天, 其道然也."
16 「禮論」, "天能生物, 不能辨物. 地能載人, 不能治人也. 宇中萬物, 生人之屬, 待聖人然後分也."

것이다.[17]

그렇게 보면 순자에게서 사람의 존재 이유는 그들이 "천지가 어떻게 만물을 생겨나게 했는가"라는 형이상학적인 근원적 물음에 관심을 갖는 것에서 벗어나 자연을 개조하여 각자의 주어진 직분에 충실하고 인문 세계의 완성을 향해 나가는 데 있다고 할 수 있다. 그가 「천론天論」에서 '사람의 가난함과 부유함, 행복과 불행, 건강함과 병듦, 배부름과 굶주림 등이란 모두 사람의 행위가 만들어 내는 것'이라고 강조한 이유도 여기에 있다. 그가 볼 때 사람의 '생산' 행위는 단순히 자연의 변화 질서에 순응해서 진행되는 것이 아니라 자연을 개조할 줄 아는 적극적이고 능동적인 노력에 의해서 진행되기 때문이다. 오늘날도 그렇지만 생산 행위에 의한 생산물의 여유와 부족은 하늘과는 별개로 사람의 끊임없는 노력에 의해서 결정되는데, 그런 노력이 합당한 결과를 얻으면 반드시 생산물에 여유가 있을 것이고, 사람이 구할 때도 그것을 충분히 공급할 수 있을 것이다.

순자는 계속해서 "하늘과 사람의 직분을 밝힐 것"(「天論」, "明於

---

17 「富國」, "天地生之, 聖人成之."

天人之分")을 강조한다. 이 말은 앞서 보았듯이 '하늘에는 하늘의 직분이 있고 사람에는 사람의 직분이 있는데, 이 둘이 결코 서로 섞일 수 없다'는 것을 밝힐 때 사람의 존재 이유가 있다는 것이다. 즉 사람은 하늘과 무관하게 현실에서 마땅히 다해야 하는 직분에 나아가는 존재일 뿐이지 하늘에서 어떤 근거를 찾는 존재가 아니다. 그의 표현대로 사람은 하늘과 어떤 경우에도 직분을 다투지 말아야 한다는 것이다. 이 때문에 아무리 생각이 깊은 사람이라도 결코 하늘의 직분에 자신의 생각을 덧붙일 필요가 없고, 아무리 능력이 뛰어난 사람이라도 결코 하늘의 직분에 자신의 능력을 발휘할 필요가 없으며, 아무리 관찰력이 정밀한 사람이라도 하늘의 직분에 자신의 관찰력을 덧붙일 필요가 없는 것이다.[18]

이와 같이 하늘의 직분에 자신의 모든 역량을 집중시키더라도 그들은 결코 하늘에 어떠한 영향도 미칠 수 없기에 사람은 오로지 하늘의 변화에 잘 적응하고 그것을 잘 이용하여 자신의 직분을 다하는 삶을 살아가면 그만이다. 따라서 사람이 자신의

---

18 「天論」, "雖深, 其人不加慮焉. 雖大, 不加能焉. 雖精, 不加察焉, 夫是之謂不與天爭職."

직분에 충실해 나가는 것이야말로 '천인분이天人分二'이고, 이것의 실현 속에서 사람은 천지와 대등하게 만물의 변화에 참여하는 능력을 발휘할 수 있다는 것이다. 이것이 "하늘에는 네 계절의 운행이 있고, 땅에는 온갖 사물의 생산이 있고, 사람에게는 다스려야 할 일이 있다"라는 "능참能參"이다.[19]

결국 순자는 "성인만이 하늘을 알기를 구하지 않는다"[20]라고 하여, "하늘이 어떻게 만물을 생겨나게 했는가"라는 형이상학적인 근원적 문제에 전혀 관심을 두지 말라고 주장한다. 다만 사람은 그 자신의 주체적이고 능동적인 노력을 다하여 자연의 소장消長 변화를 알고 하늘이 낳은 만물을 잘 제어하고 이용할 뿐이라는 것이다.[21] 이것이 바로 그의 "하늘을 안다"[22]이다. 따라서 사람은 현실 안에서 사람됨의 도리가 무엇인가에 관심을 집중시켜 사람이 완성하고 다스릴 수 있는 실질적인 일에 자신의 모든 노력을 기울여 나가야 한다. 왜냐하면 그의 말대로 "치

---

19 「天論」, "天有其時, 地有其財, 人有其治, 夫是之謂能能參."
20 「天論」, "唯聖人爲不求知天."
21 徐復觀, 같은 책, 227쪽.
22 「天論」, "其行曲治, 其養曲適, 其生不傷, 夫是之謂知天."

治와 난亂은 하늘로부터 나온 것이 아니라"[23] 사람의 행위에서 나온 것이고, 그 행위의 결과에 대한 책임 또한 전적으로 하늘이 아니라 사람 자신에게 있기 때문이다.[24]

3. 하늘의 변화에 능동적으로 대처하다

순자가 볼 때 사람이 자신의 노력을 버리고 오직 하늘에서만 행위 근거를 찾는 일은 현실적 삶의 의미를 상실시키는 일이고, 삶의 혼란을 가중시키는 일이다.[25] 그래서 그는 「천론天論」에서 사람이 하늘과 관련하여 반드시 하지 말아야 하는 일들을 강한 어조로 주장한다. 즉 하늘을 위대하다고 받들며 하늘만을 생각하는 일, 하늘을 따르고 그것을 찬양하는 일, 네 계절이 순조롭게 순환되기만을 바라보며 풍작을 기다리는 일, 만물을 자연에 내맡기어 많게 하는 일, 사물을 얻으려고 생각은 하면서도 그것을 바깥의 사물로 여겨 폐기하는 일, 사물이 생성하는

---

23 「天論」, "治亂非天."
24 「榮辱」, "湯武存則天下從而治, 桀紂存則天下從而亂."
25 徐復觀, 같은 책, 227쪽.

원인에 대해서 알고자 원하는 일 등이다. 그 핵심은 이 모든 일들이 결코 사람의 노력과 아무런 상관이 없다는 것이다. 이 때문에 사람이면 누구나 자신의 주체적이고 능동적인 노력으로 '하늘'에 대한 모든 사모 심리를 다 제거하고 사람의 직분을 다 발휘하여 사람이 완성하고 다스릴 수 있는 일에 집중해야 한다는 것이다.

거듭 말하지만, 순자에게서 사람의 모든 행위는 오로지 자연의 변화 질서에 능동적으로 대처하면서 자연의 힘을 이용할 줄 아는 주체적이고 능동적인 노력에 의해서 진행될 뿐이다. 만약 사람이 '하늘'에 전적으로 그 자신의 삶을 내맡겨 버린다면 사람은 주체적 자각 의지를 상실한 채 살아가는 하나의 보잘것없는 존재로 전락해 버리고 말 것이다. 그래서 그는 사람이 자신의 직분을 수행하기 위해서는 반드시 자신의 삶을 구성하는 현실적 근거를 마련해야 한다고 주장한다. 그 근거는 자연의 소장消長 변화를 아는, 즉 '하늘이 드러낸 기후 변화', '땅이 드러낸 여러 농작물', '네 계절이 드러낸 절기', '음양이 드러낸 조화' 등을 잘 아는 것이다.

순자는 그런 것들과 관련하여 사람이 반드시 해야 하는 범위를 구체적으로 설정해 나간다. 첫째, 하늘에 대해 알 수 있는 지식 범위는 그 현상의 확실함에서 그쳐야 한다. 즉 하늘의 변화를 보고 비, 바람, 맑음, 흐림 등의 기후를 예측할 수 있어야 한다는 것이다. 둘째, 땅에 대해서 알 수 있는 지식 범위는 곡식이 번식할 수 있는 것에서 그쳐야 한다. 즉 땅의 성질을 보고 그곳에 알맞은 농작물을 잘 기를 수 있어야 한다는 것이다. 셋째, 네 계절에 대해서 알 수 있는 지식 범위는 경작이 가능한 조리條理에서 그쳐야 한다. 즉 네 계절에 나타나는 절기에 따라 농사를 잘 지을 수 있어야 한다는 것이다. 넷째, 음과 양에 대해서 알 수 있는 지식 범위는 만물을 다스릴 수 있는 조화 현상에서 그쳐야 한다. 즉 음양의 조화에 맞춰 사람을 잘 다스릴 수 있어야 한다는 것이다.[26] 간단하게 말해, 하늘이 사람을 대신하여 사람의 직분을 수행할 수 없고, 사람이 하늘을 대신해서 하늘의 직분을 수행할 수 없기에 사람은 자연의 소장 변화를 잘 살펴서 자신의 직분을 열심히 수행해 나가야 한다는 것이다. 이때에

---

[26] 「天論」, "所志於天者, 已其見象之可以期者矣. 所志於地者, 已其見宜之可以息者矣. 所志於四時者, 已其見數之可以事者矣. 所志於陰陽者, 已其見和之可以治者矣."

사람은 그 자신의 삶을 스스로 결정할 수 있을 뿐만 아니라 그 자신이 원하는 행복한 삶에 도달할 수 있다는 것이다.

이제 여기서 우리는 한 가지 중요한 문제에 직면하게 된다. 앞서 보았듯이 글자상 서로 대치되는 순자의 "하늘을 알기를 구하지 않는다"[不求知天]라는 주장과 "하늘을 안다"[知天]라는 주장에 대한 이해다. 이 둘에 대한 채인후의 주장은 눈여겨볼 만하다. 즉 "그의 '하늘을 알기를 구하지 않는다'의 대상은 자연 현상의 소이연所以然이고, '하늘을 안다'의 대상은 실연實然층인 자연 현상의 하늘[所然]이다"[27]라는 것이다. 여기서 전자를 형이상학적인 근원적 문제에 관한 관점으로, 후자를 자연 현상에 관한 관점으로 본다면 순자는 만물의 생성에 관한 근원적 문제를 철저하게 배제하고, 오직 만물이 생겨나 성장하고 소멸하는 등의 자연의 소장 변화에만 관심을 두고서 사상적 지평을 넓혀 나갔다고 할 수 있다.

그렇다면 다음과 같은 질문이 가능할 것이다. 과연 그에게서 전자와 후자는 오로지 그 영역을 서로 완전히 달리하는, 즉 서

27 蔡仁厚, 『孔孟荀哲學』(臺灣: 學生書局, 1986), 376-377쪽.

로 교차될 수 있는 지점이 전혀 없는 관계일 뿐인가 하는 것이다. 여기서 반드시 고려되어야 할 것은 순자의 관점에서 전자와 후자가 서로 영역을 달리하는 전혀 다른 세계가 아니라는 것이다. 즉 그 둘은 동일한 층차의 상이한 내용을 전제하는 것으로, 그 본질상 실질적 차이가 없고 공통적으로 '사람 역량의 무궁한 발전 가능성'을 전제한다는 것이다. 따라서 전자는 '하늘'이 직접적으로 '사람'에게 어떤 영향을 준다는 생각에 대한 경종이고, 후자는 '하늘의 소장 변화를 아는 것'으로 사람 자신의 주체적 노력에 의해서 '하늘'이 낳은 만물을 잘 제어하고 이용하여 사람의 삶을 완성해 나가야 한다는 것에 대한 강조라고 할 수 있다.

그렇기에 순자가 '하늘을 알기를 구하지 않는다'는 의식에 근거하여 사람을 하늘로부터 벗어난 독립적인 존재로 규정하였고, '하늘을 안다'는 의식에 근거하여 사람을 천지와 대등하게 교류시켜 만물의 변화에 참여하는 존재로 규정하였다는 주장은 가능할 것이다. 즉 사람은 그 자신의 직분을 밝혀 만물을 잘 이용함으로써 그 자신을 기르고[養] 다스리는 것[治]을 완성하면 천지와 나란히 설 수 있다는 것이다. 이렇듯이 그의 '하늘을 알기를 구하지 않는다'는 의식이 하늘과 구별된 사람의 독립성을 발휘하는 것이고, '하늘을 안다'는 의식은 자연을 개조하는 등의 사람 자신의 자율성을 발휘하는 것이라고 한다면, 이 둘은 결과적으로 사람이 천지 만물의 궁극적 주체이자 정신임을 긍정하는 것이라고 할 수 있다.

결국 순자는 하늘이 사람에게 어떠한 의지나 목적을 드러내지 않는다는 입장에서 하늘의 사람에 대한 모든 영향력과 사람의 하늘에 대한 모든 감정적 요소들을 다 배제해 나갔다. 즉 하늘의 사람에 대한 모든 효용성과 법칙성을 결코 승인하지 않았다는 것이다. 이런 관점은 그 이전의 하늘 관념에 대한 무조건적인 비판과 거부를 의미하거나 하늘과 사람의 대립 관계를 설정하여 사람의 우월성을 강조하는 것이 아니다. 그것은 다름 아닌 하늘과 사람의 상호 공존을 전제하는 속에서 하늘의 영향을 벗어난 사람만의 독특한 특성을 발견해 내고, 나아가 그것을 통해서 사람 중심의 문화 체계와 가치 체계를 새롭게 재구성해 내는 것이라고 할 수 있다.

3장
후천적인 인위적 노력을 중시하다

1. 본성에 이끌려 가면 악해진다

순자가 제출한 '성악설'을 이해함에 있어서 먼저 전제할 것이 있다. 성악설은 사람이 외부의 확장을 꾀하는 본성[性]에 이끌려 가면서 나타나는 행위의 결과를 말한 것이지 사람의 본성이 그 자체로 악하기 때문에 결코 착해질 수 없음을 말한 것이 아니라는 것이다. 다시 말해 그것은 오직 본성이 후천적으로 악해질 수 있다는 가능성만을 가지고 말한 것이며 태어날 때부터 본성 자체가 악하다고 말한 것이 아니다. 이런 점에서 진대제가 '성악설'을 "사람의 본성이 악을 향한다는 주장"[人性向惡說][1]으로 규정한 것은 성악설의 본의에 아주 가깝다고 할 수 있다. 왜냐하면 순자에게서 본성은 '본디 꾸밈이 없는 재질'인 '자연본성'의 의미로서 태어날 때부터 사람에게 자연스럽게 있는 것이고, 또한 어느 누구나 배우지 않고도 있는 것이고 노력하지 않고도 있는 것이기 때문이다.[2] 따라서 그가 제출한 본성 그 자체를 악하다고 규정한다면 이는 순자 사상 전반에 아주 심각한 문제를 불러올 수 있다고 할 수 있다.

순자가 제출한 본성은 다음의 세 가지 의미로 분류해 볼 수 있다.

첫째는 감각 기관의 본능이다. 본성은 바깥에서 강한 영향을 받아 다섯 감각 기관(귀·눈·코·혀·살갗)에 어떤 반응을 일으킨다. 귀로는 소리를 듣고, 눈으로는 색을 보고, 혀로는 맛을 느끼고, 코로는 냄새를 맡고, 살갗으로는 추위와 더위, 그리고 아픔과 가려움 등을 느끼는 것이다.

둘째는 생리의 욕망이다. 본성은 사람이 살아가기 위해 꼭

---

1 陳大齊, 『孔子學說』, 572쪽.
2 「正名」, "生之所以然者謂之性. 性之和所生, 精合感應, 不事而自然謂之性."; 「性惡」, "凡性者, 天之就也. 不可學, 不可事 … 不可學, 不可事而在人者, 謂之性."; 「禮論」, "性者本始材樸也."

해야 하는 작용과 기능을 드러낸다. 배가 고프면 먹으려고 하고, 몸이 추우면 따뜻해지려고 하고, 몸이 피곤하면 쉬려고 하는 것이다.

셋째는 심리의 반응이다. 본성은 사람이 태어날 때부터 이로운 것을 좋아하고, 해롭고 악한 것을 싫어한다. 사람이 태어날 때부터 좋아하거나 싫어하는 것이지 배움이나 노력으로 좋아하거나 싫어하는 것은 아니라는 것이다.

이를 정리하면 순자가 제출한 본성은 태어날 때부터 자연스럽게 있는 것으로, 그 안에 어떤 도덕적 의의나 가치를 전혀 가지고 있지 않다. 왜냐하면 사람이 '생리의 욕망'을 따라가면 이익을 좋아하고, 해로움과 악함을 싫어하는 '심리의 반응'으로 인하여 그들의 행위가 악해질 수 있기 때문이다.

예컨대, 밥을 먹는 행위가 단순히 배고픔을 면하기 위한 것이라면 '생리의 욕망' 자체에는 그 어떤 문제도 없을 것이다. 하지만 배가 부른데도 그 행위를 멈추지 않고 더 많이 채우려는 행위로까지 나가고, 급기야 옆에 가득 쌓아 두는 행위로까지 나간다면 '생리의 욕망'은 이익을 좋아하는 '심리의 반응'에 힘입어 다른 사람의 것을 강탈하는 나쁜 행위까지 초래할 수 있을 것이다. 이는 본성 자체의 문제라기보다도 사람이 외부로의 무한한 확장을 꾀하는 '생리의 욕망'과 '심리의 반응'으로서의 본성을 제어하거나 조절하지 못한 결과라고 할 수 있다. 이 때문에 사람이라면 누구나 '생리의 욕망'과 '심리의 반응'으로서의 본성이 적절하고 적당한 지점에 도달했을 때 반드시 그 외부로의 확장을 멈추고 그것에 대한 제어나 조절을 단행해 나가야 한다.

그렇다면 순자의 관점에서 본성[性]과 감정[情], 그리고 욕망[欲]은 모두 동일한 의미라고 할 수 있다. 왜냐하면 그의 말대로 본성은 타고난 것이고, 감정은 본성의 본래 모습이며, 욕망은 감정이 반응한 것이기 때문이다.[3] 즉 감정이 본성의 본래 모습이라는 점에서 본성은 감정이고 감정은 본성이다. 이런 감정에 반응하여 생긴 것이 욕망이다. 욕망은 좋아하는 감정에 의해 생기고, 좋아하는 감정이 있으면 얻고자 하는 욕망이 생긴

---

3 「正名」, "性者, 天之就也. 情者, 性之質也. 欲者, 情之應也." 여기서 '情'과 '性'은 동일한 층차의 동일한 의미를 가지는데, 그 둘의 합칭인 '性情'·'情性'이 그것이다. 「儒效篇」, "好修正其所聞, 以矯飾其情性," "縱性情而不足問學, 則爲小人矣."; 「十二子篇」, "縱性情, 安恣睢, 禽獸行, … 人情性, 縈羚利跋."; 「性惡篇」, "今人之性, 飢而欲飽, 寒而欲煖, 勞而欲休, 此人之情性也."

다. 그러므로 이익을 좋아하여 그것을 얻으려 하는 것이 사람의 본성이다. 이렇게 보면 그가 제출한 욕망은 본성과 같은 의미이고, 본성이 악하다는 것은 욕망이 악하다는 것을 의미한다고 할 수 있다.

분명히 말해, 순자에게서 욕망은 감정의 지향인 동시에 본성의 내용이자 그것의 구체적인 반응이다. 따라서 본성과 감정, 욕망은 한 사물의 세 명칭으로[4] 본질상 실제로 관통하는 일체이며,[5] 그 내용상 실질적 차이가 없다. 결국 그의 '성악설'은 '인욕향악설人欲向惡說', 즉 '본성의 구체적 반응인 욕망이 악을 향한다는 주장'의 의미로 해석될 여지가 충분히 있다고 할 수 있다.

2. 본성을 변화시켜 인위를 일으키다

순자는 "사람의 본성은 악하다. 선한 것은 인위(위僞)다"[6]라고 주장한다. 그런데 채인후는 여기서 "위는 선을 성취할 수 있지

---

4   徐復觀, 같은 책, 234쪽.

5   周群振, 『荀子思想研究』(臺北: 文津出版社, 1987), 49쪽.

6   「性惡」, "人之性惡, 其善者僞也."

만 반드시 선을 다한 것은 아니다. 그러므로 순자는 '기선자위
야其善者僞也'라고 말했을 뿐 '기위자선야其僞者善也'라고 말하지 않
았다"[7]라고 주장한다. 이렇게 본다면 그가 제출한 인위의 개념
에 대한 명확한 이해가 필요할 것이다. 그것은 두 가지 의미로
나눠 볼 수 있다. 하나는 인위의 작용으로서 '인위'다.(「正名」, "心
慮而能爲之動謂之僞") 이는 마음이 기뻐하고 화내고 슬퍼하고 즐거
워하고 좋아하고 싫어하는 자연적인 감정에 대해 사려하고 선
택하고 판단한 뒤에 다시 본능의 작용이 그것을 위해 움직여서
실질적인 행위를 드러내는 것이다. 또 하나는 인위의 결과로서
인위를 형성한 것이다.(「正名」, "慮積焉 · 能習焉而後成謂之僞") 이는 무수
히 많은 사려와 선택 그리고 판단을 거치고, 무수히 많은 학습
과 실행을 거친 뒤에 착한 행위와 덕성이 함양되는 것이다.[8]

위 인용구의 '위僞'는 전자에 해당된다. 그 핵심은 사람이 외
부로의 확장을 꾀하는 본성에 이끌려 가면 악해지고, 선해지려
면 반드시 '인위'라는 '인위적인 노력'을 해야 한다는 것이다. 이

7 蔡仁厚, 같은 책, 394쪽.
8 陳大齊, 같은 책, 67쪽.

를 통해 그에게서 '도덕 행위'가 구체적으로 무엇인지는 보다 명확해진다. 즉 그에 의하면 일반적으로 사회에서 도덕적 행위라고 규정하는 것, 예컨대 '자식이 아버지에게 양보하거나 아버지를 대신하는' 효자의 도리와 '동생이 형에게 양보하거나 형을 대신하는' 형제의 우애는 사람이 자신의 본성에 반대되는 행위를 할 때 나온다는 것이다.[9] 왜냐하면 이익을 좋아하는 본성의 속성상 양보하지 않거나 대신하지 않는 것이야말로 본성의 본래 모습이기 때문이다. 따라서 그가 말하는 '도덕'이란, 맹자처럼 '사덕'이라는 선험적인 것에서 나온 것이 아니라 '위僞'(인위)라는 경험적인 것에서 나온 것이라 할 수 있다.

그렇게 보면 순자가 제출한 '인위'와 '본성'의 구분도 보다 명확해진다. 즉 "배우지 않아도 노력하지도 않아도 사람에게 있는 것은 본성이고, 배워서 할 수 있고 노력해서 이루면서 사람에게 있는 것은 인위이다."[10] 거듭 말하지만, '본성'은 기본적으

---

9   「性惡」, "夫子之讓乎父, 弟之讓乎兄, 子之代乎父, 弟之代乎兄, 此二行者, 皆反於性而悖於情也. 然而孝子之道, 禮義之文理也. 故順情性則不辭讓矣, 辭讓則悖於情性矣. 用此觀之, 然則人之性惡明矣, 其善者僞也."

10 「性惡」, "不可學, 不可事而在人者, 謂之性. 可學而能, 可事而成之在人者, 謂之僞, 是性僞之分也."

로 사람이 태어날 때부터 자연스럽게 가지고 있는 것으로서 배고프면 배부르고자 하고, 추우면 따뜻하고자 하고, 힘들면 쉬고자 하는 생리적인 현상을 말한다. 이런 본성에 의해서 사람은 아름다운 색을 좋아하고(눈), 좋은 소리를 좋아하고(귀), 맛있는 것을 좋아하고(입), 이익을 좋아하고(마음), 편안함을 좋아한다(몸). 반면에 '인위'는 학자들의 주장에 따르면 대체로 '위爲와 교矯'(양경楊倞), '작위作爲'(학의행郝懿行),[11] '인위人爲와 행위行爲',[12] '쌓음'(적積)과 '인위적 노력人爲的努力'[13] 등으로 이해된다. 이를 정리하면, '인위'는 사람이 태어난 이후에 스스로 배워서 알고 노력하는 적극적 행위, 즉 사려를 쌓고 좋은 습관을 기르는 등의 후천적 노력으로 획득된다고 할 수 있다.

이러한 '본성'과 '인위'의 관계를 고려해 볼 때 그에게서 성인과 일반 사람의 구분은 보다 명확해진다. 일반적으로 유가는 성인聖人을 "태어날 때부터 아는 사람"(『論語』, 「季氏」, "生而知之者, 上也")으로 규정하는데, 이는 기본적으로 성인과 일반 사람들 사

---

11 王先謙, 『荀子集解』(新編諸子集成本, 北京: 中華書局, 1987), 434쪽.
12 蔡仁厚, 같은 책, 66쪽.
13 徐復觀, 같은 책, 249쪽.

이에 근본적 차이가 있음을 전제하는 것이다. 엄밀하게 말해 유가에서 성인과 일반 사람은 본성상 사덕을 가지고 태어난다는 점에서 전혀 차이가 없지만, 타고난 능력상 성인은 배우지 않고도 알고 일반 사람은 그렇지 않다는 점에서 근본적 차이가 있다는 것이다.

그럼 과연 순자는 그런 성인의 타고난 능력을 인정하고 있는가? 단적으로 말해 그는 어떤 경우든지 간에 성인의 그런 타고난 능력을 인정하지 않는다. 즉 "요임금과 순임금 같은 성왕聖王은 태어날 때부터 갖춘 사람이 아니라 그 바꾸는 일로부터 시작하여 닦는 노력을 이루고 끝까지 다하기를 기다린 뒤에 갖추어진 사람이라는 것이다."[14] 다만 그가 인정한 것은 오로지 후천적인 능력의 차이일 뿐이다. '학습과 노력 없이 태어날 때부터 갖추어진' '본성'의 측면에서 보면 그에게 성인과 일반 사람 사이에는 어떤 차이도 없지만, 후천적 '학습과 노력으로 갖추어진' '인위'의 측면에서 보면 성인과 일반 사람 사이에는 엄연한 차이가 있다.[15] 다시 말해 성인과 일반 사람은 모두 태어날 때

---

14 「榮辱」, "堯舜者, 非生而具者也. 夫起於變故, 成乎修修之爲, 待盡而後備者也."

부터 선과 악의 가치 기준을 전혀 갖고 있지 않는다는 점에서 서로 같지만, 성인만이 후천적 학습과 노력으로 도덕적 선을 쌓았다는 점에서 그 둘은 서로 완전히 다르다는 것이다. 이렇듯이 그가 성인과 일반 사람의 구분으로 삼은 것은 단지 '배우지 않고도 아는' 타고난 능력이 아니라 '배워서 아는' 후천적 노력일 뿐이다. 바로 그가 "길 가는 사람도 우임금이 될 수 있다",[16] "성인은 사람이 인위를 쌓아서 이룬 것이다"[17]라고 하여 사람이라면 누구나 '인위'를 쌓아서 성인이 될 수 있다고 강조한 근거도 여기에 있다고 할 수 있다.

순자는 성인이 인의법정仁義法正을 알 수 있고 실천할 수 있는 이치를 가지고 있듯이, 일반 사람도 인의법정을 알 수 있는 바탕이 있고, 인의법정을 실천할 수 있는 도구가 있다고 주장한다.[18] 물론 이 주장은 기본적으로 사람이 본래 도덕적 성향을

---

15 「性惡」, "凡人之性者, 堯・舜之與桀・蹠, 其性一也, 君子之與小人, 其性一也." 및 "故聖人之所以同於衆, 其不異於衆者性也, 所以異而過衆者僞也."

16 「性惡」, "塗之人可以爲禹."

17 「儒效」, "聖人也者, 人之所積也."

18 「性惡」, "凡禹之所以爲禹者, 以其爲仁義法正也. 然則仁義法正有可知可能之理. 然而途之人也, 皆有可以知仁義法正之質, 皆有可以能仁義法正之具, 然則其可以爲禹明矣." 서복관은 이 구절의 '質'이 '마음'을 가리키고, '具'가 '감각 기관의 능력과 작용'을 가리킨다고 본

가지고 있음을 전제하는 것이 아니라[19] 모두가 그 안에 어떤 도덕적 가치도 없는 본성을 똑같이 가지고 있다는 것을 전제한다.[20] 그래서 사람이 '인위적 노력'으로 자신의 '본성'을 변화시켜 도덕적 선을 쌓아 사람됨의 도리를 온전히 다 실천하면 그들도 모두 성인의 인격을 갖출 수 있다는 것이다. 따라서 사람이 '인위적 노력'으로 자신의 본성을 변화시켰는가의 여부는 사람의 '선'함과 '악'함을 헤아리는 아주 중요한 기준이 된다고 할 수 있다.

그럼 순자의 "사람의 본성은 악하고, 사람의 선한 것은 인위이다"(「性惡」, "人之性惡, 其善者僞也")라는 말은 본성을 무조건 버리고 인위만을 쌓아야 한다는 의미로 해석해도 괜찮은가? 물론 그렇지는 않다. 앞서 보았듯이 비록 본성과 인위가 근본적으로 다를지라도 그는 분명히 '본성'을 사람됨의 도리를 실천함에 있어서 아주 중요한 생명의 원천으로, '인위'를 그런 생명의 원천을 하나의 가치 있는 생명으로 구체화하는 핵심 근거로 설명한다.

———
　다.(徐復觀, 같은 책, 39쪽.)

19　馮友蘭, 『中國哲學史』(박성규 역, 서울: 까치, 2009), 464쪽.

20　勞思光, 『중국철학사(고대편)』(정인재 역, 서울: 형설출판사, 1989), 335쪽.

즉 "본성이 없으면 인위를 덧붙일 곳이 없고, 인위가 아니면 본성은 스스로 아름다울 수 없기 때문에 본성과 인위가 합해지면 천하가 다스려진다"[21]라는 것이다. 물론 여기서 전제될 것은 "본성과 인의가 합해지면"이라는 말인데, 이는 어디까지나 '본성' 안에 '인위'가 없고 '인위' 안에 '본성'이 있음을 전제한다. 이렇게 보면 본성과 인위는 '가공 이전의 재료'와 '가공 이후의 완성품'의 관계와 같다고 할 수 있다.[22] 예컨대, 통나무(가공 이전 재료)가 여러 정교한 기술력에 의해서 하나의 공예품(가공 이후 완성품)으로 바뀌었다면 통나무 안에는 공예품이 없고, 공예품 안에는 통나무가 있다는 것이다. 이렇듯이 본성이 인위를 행하는 바탕이라면 인위는 오로지 본성을 아름답게 하는 공부일 뿐이다.[23] 따라서 그의 주장의 귀결은, 사람은 '본성'을 타고난 그대로 방치하지 말고 반드시 '본성'을 변화시켜 '인위'를 쌓아야 한다는 것이다. 이것이 그의 유명한 '화성기위化性起僞'이다.

결국 순자는 '본성'과 '인위'의 관계를 '도공이 흙을 빚거나 목

21 「禮論」, "無性則僞之無所加, 無僞則性不能自美. … 性僞合而天下治."
22 陳大齊, 같은 책, 68쪽.
23 蔡仁厚, 같은 책, 394쪽.

공이 나무를 깎아 그릇을 만드는 것'에 비유하여 관계를 보다 명확하게 설명한다. 즉 도공과 목공은 본래 기와와 목기를 가지고 있지 않았으나 오랫동안 '기술'을 연마하여 기와와 목기라는 결과물을 만들어 냈다는 점에서 기와와 목기는 도공과 목공의 '본성'이 아니라 그들의 '인위'에서 생겼다는 것이다.[24] 따라서 사람의 도덕 행위는 결코 태어날 때부터 사람 '안'에 본래 있는 '선험적인 도덕관념'이 아니라 오랫동안의 인위적인 학습과 노력에 의한, 사람 '안'에 있는 '경험적인 도덕관념'에 근거한다고 할 수 있다.

3. 마음의 인식 능력은 신뢰할 수 없다

순자가 제출한 '마음'은 두 가지 측면에서 이해된다. 첫째, 마음은 태어날 때부터 이익을 좋아하고 언제나 편해지기를 좋아한다는 점에서 '본성'과 같다.[25] 둘째, 마음은 태어날 때부터 인

---

24 「性惡」, "陶人埏埴而爲器, 然則器生於陶人之僞, 非故生於人之性也. 故工人斲木而成器, 然則器生於工人之僞, 非故生於人之性也."
25 「性惡」, "心好利." 및 "今人之性, 生而有好利焉."; 「王霸」, "心欲綦佚."

식 능력을 가지고 있고,[26] 그래서 그것은 감각 기관을 통해 얻은 재료를 바탕으로 밖의 사물을 인식하고 지식을 형성한다. 여기서 전자는 앞의 본성의 논의를 살펴보면 될 것이고, 문제의 핵심은 후자다. 즉 그에게서 '마음'은 그런 인식 능력을 통하여 외부 사물의 자극에 대한 '사려 판단'[27]을 진행한다. 엄밀하게 말해 외부 사물에 대한 사람의 인식은 일반적으로 감각 기관에서 출발하지만, 그것은 최종적으로 사유 기관인 '마음'에 의하여 판별되고 실증되어 명석화된다는 것이다. 그는 이런 마음의 판별과 실증을 통과한 인식을 '징지徵知'로 규정한다.[28]

순자의 그런 '징지'에 대한 학자들의 주장은 다양한데, 그 대표적인 것은 다음과 같다. 즉 양경은 '징'을 불러일으키는 것으로, '징지'를 '마음이 능히 만물을 불러 모아 아는 것'으로 해석한다.[29] 양계웅은 '징지'의 '징'을 응應으로, '징지'를 외부 사물이 마침내 일어나면 마음이 그것에 응하여 인식하는 것으로 해석

---

26 「解蔽」, "人生而有知, … 心生而有知."
27 「正名」, "情然而心爲之擇謂之慮. 心慮而能爲之動謂之僞. 慮積焉·能習焉而後成謂之僞."
28 「正名」, "心有徵知. 徵知, 則緣耳而知聲可也, 緣目而知形可也, 然而徵知必將待天官之當簿其類然後可也. 五官簿之而不知, 心徵之而無說, 則人莫不然謂之不知."
29 楊倞, 『荀子注』, "徵召也. 言心能召萬物而知之."

한다.[30] 호적은 "증명證明"으로,[31] 풍우란도 "증명證明"으로,[32] 진대제는 "의식意識"으로,[33] 노사광은 "자각自覺"으로,[34] 모종삼은 "지혜를 사용하는 것, 즉 지성"으로[35] 해석한다. 이런 해석들의 이해에서 반드시 전제해야 할 것이 있다. 즉 '마음'이 아무리 '징지'하려고 해도 감각 기관들이 없으면 사물을 인식할 수 없다는 것이다. 왜냐하면 마음은 감각 기관들을 통해 얻은 재료를 바탕으로 사물을 인식하고 지식을 성취해 나가기 때문이다. 그의 말대로 "징지는 반드시 감각 기관들(천관天官)이 새로 감득한 것을 그전에 감득했던 것과 같은 분류와 대조해 맞춰 보는 조작을 거친 후에야 비로소 가능한데", 즉 그런 "인식의 합함이 있는 것이 지식[智]"[36]이라는 것이다. 따라서 뒤에 보겠지만 올바른

---

30 梁啓雄, 『荀子柬釋』(臺灣: 商務印書館, 1983, 5版), 315쪽, "徵應也. 徵知謂外物卒起, 心應而知之, 卽感覺也."

31 胡適, 『中國古代哲學史』(臺北, 臺灣尙武印書館, 1982), 360쪽.

32 馮友蘭, 『中國哲學史』(서울: 민족문화 영인본), 374쪽.

33 陳大齊, 같은 책, 40쪽.

34 勞思光, 『中國哲學史』(1)(정인재 역, 서울: 탐구당, 1987), 262쪽.

35 牟宗三, 『荀子與名家』(臺北: 臺灣學生書局, 1980, 4쇄), 262쪽.

36 「正名」, "知有所合謂之智." 知有所合은 지식 생산의 과정이고, '智'는 '成功의 知'이다.(梁啓雄, 같은 책, 312쪽.) 여기서의 '智'는 '知'의 결과물로서 '지식'을 의미한다.

지식의 획득 여부는 마음의 인식 능력이 감각 기관으로부터 인식 대상을 얼마나 정확하고 올바르게 인식했는가와 긴밀한 관계가 있다고 할 수 있다.

그런데 여기서 중요한 사실은 그런 마음이 그 자체의 인식 능력을 바탕으로 주재적인 능력을 발휘해 나간다는 것이다. 왜냐하면 "마음은 한가운데 텅 빈 곳에 있으면서 다섯 감각 기관(오관五官)을 다스리는"[37] 육체 감각의 주재자이자 의식의 주재자로서 스스로 명령을 내릴 뿐 다른 무엇에 의해서도 결코 명령을 받지 않기 때문이다.[38] 이런 주재적인 "마음은 옳다고 여기면 받아들이고, 그르다고 여기면 사양하는데",[39] 이는 마음이 어떠한 제한도 받지 않고 자유롭게 이것도 선택할 수 있고 저것도 선택할 수 있음을 의미한다고 할 수 있다.

그럼 그런 마음은 어떻게 사물을 인식하고 지식을 형성하는가? 순자는 그런 마음을 '쟁반의 물'로 비유한다. 예컨대, 쟁반을 바르게 놓아두고 움직이지 않게 하면 탁한 물이 아래에 있

---

37 「天論」, "心居中虛, 以治五官, 夫是之謂天君."
38 「解蔽」, "心者形之君也, 而神明之主也, 出令而無所受令."
39 「解蔽」, "是之則受, 非之則辭."

고 맑은 물이 위에 있어서 그 물에 비치는 사물의 모습을 정확하게 볼 수 있지만, 미풍이라도 한번 불면 탁한 물이 움직이고 맑은 물이 위를 흔들어 그 물에 비치는 사물의 모습을 정확하게 볼 수 없다는 것이다.[40] 이 비유의 핵심은 물이 맑으면 사물을 비출 수 있고 물이 흐리면 사물을 비출 수 없듯이, 마음이 맑으면 '이치'[理=道]를 정확하게 볼 수 있고, 마음이 흐리면 '이치'를 정확하게 볼 수 없다는 것이다. 이때 중요한 사실은 물에 비친 사물이 물 '안'이 아닌 물 '밖'에 있듯이, 마음이 보는 '이치'도 마음 '안'이 아닌 마음 '밖'에 있다는 것이다. 이때 '안'에 아무 것도 없는 마음은 맹자와 같이 그 자체 내에 도덕법칙을 세워서 도덕 행위를 일으키는 '도덕심道德心'이 아니라 오직 '밖'에 있는 '이치'를 인식하고 지식을 형성하는 '인식심認識心'일 뿐이다.

하지만 문제는 순자의 관점으로는, 그런 마음의 인식 작용에 의해서 획득된 지식이 행위의 도덕과 부도덕에 대해서 결코 일정하게 보증을 할 수 없다는 것이다.[41] 왜냐하면 그의 "마음이

---

40 「解蔽」, "故人心譬如槃水, 正錯而勿動, 則湛濁在下, 而淸明在上, 則足以見鬚眉而察理矣. 微風過之, 湛濁動乎下, 淸明亂於上, 則不可以得大形之正也. 心亦如是矣."
41 徐復觀, 같은 책, 240쪽.

긍정한 것은 이치에 맞고, … 마음이 긍정한 것은 이치에 맞지 않는다"[42]라는 말처럼, 마음은 사람을 선으로 나가도록 할 수 있고, 선으로 나가지 않도록 할 수도 있기 때문이다. 그래서 '마음의 주재성은 도덕 행위에 대해서 말하면 결코 신뢰할 수 없다'는 것이다. 이렇듯이 마음의 주재성이 마음의 인식 능력에서 온 것이라면 마음의 주재성을 신뢰할 수 없다는 것은 바로 마음의 인식 능력을 신뢰할 수 없다는 것과 같다고 할 수 있다.[43]

그래서 순자는 마음의 인식 능력을 신뢰할 수 있으려면 "도道로 인도하고 청명淸明으로 기르라"[44]라고 주장한다. 즉 '도'로 마음을 인도하고 청명한 마음으로 그 안의 욕망을 모두 제거할 때 그 인식의 방향을 올바르게 정할 수 있다는 것이다. 왜냐하면 마음이 '밖'의 사소한 사물에라도 이끌리게 되면 '밖'에 있는 '바른 것'[道]이 마음에 의해서 변하게 되고(실질적으로 '도'가 변하는 것이 아니고 마음이 '도'를 곡해하는 것), '안'에 있는 마음마저 기울

---

42 「正名」, "心之所可中理, … 心之所可失理."
43 徐復觀, 같은 책, 246쪽.
44 「解蔽」, "導之以理, 養之以淸."

어지게 되어 작은 이치조차도 판단할 수 없게 되기 때문이다.[45] 따라서 그는 이런 마음의 부정확한 인식에 의해서 생겨나는 것을 "폐단"[蔽] 또는 "심술의 우환"[心術之患][46]으로 규정한다.

결국 순자가 제출한 '심술의 우환'은 "마음이 밖으로 향하는 활동 통로"[47]가 막힌 것으로, 마음의 인식 능력을 신뢰할 수 없는 이유도 여기에 있다. 이때 마음은 하나에 집착하여 사물 전체를 인식할 수 없는데, 즉 "사람의 우환이 하나의 곡설에 가려서 큰 이치를 모르듯이"[48] 사람이 자기 자신의 주장을 고집하고 남의 생각을 용납할 줄 모르는 것도 모두 여기에서 기인한다. 따라서 그는 마음이 그 '폐단'을 벗어나 인식 능력의 신뢰를 얻으려면 마음은 반드시 외재적이고 객관적인 도道를 알기 위한 하나의 수양 공부를 진행해야 한다고 강조한다. 왜냐하면 그가 볼 때 마음이 고금古今의 표준[權衡]인 도道를 알지 못하면 도를 궁

---

45 「解蔽」, "物莫之傾, 則足以定是非決嫌疑矣. 小物引之則其正外易, 其心內傾, 則不足以決庶理矣."

46 「解蔽」, "凡萬物異則莫不相爲蔽, 此心術之公患也."

47 서복관은 術을 "밭 사이의 작은 길"(田間小徑)로, 心術을 "마음이 밖으로 향하는 활동 통로"로, 心術之患을 "마음의 인식 능력을 신뢰할 수 없다"(徐復觀, 같은 책, 242쪽.)로 해석한다.

48 「解蔽」, "凡人之患, 蔽於一曲, 而闇於大理."

정하지 않고 도 아닌 것을 긍정하여 더욱더 폐단에 빠지기 때문이다.[49]

4. 대청명大淸明한 마음을 길러서 도道를 인식하다

순자가 제출한 마음의 수양 공부는 마음의 '텅 비우는'[虛]·'하나로 하는'[壹]·'고요하게 하는'[靜] 인식 능력을 드러내는 것이다. 이 개념들은 그가 장자莊子(B.C. 369?~B.C. 289?)에서 빌려 온 것으로 널리 알려져 있는데, 그 인식 방법에 대한 기본적인 방향에서는 그와 장자가 같다고 할 수 있다. 즉 외부 사물에 의해서 잘못 쌓여진 편견을 '텅 비우는'·'하나로 하는'·'고요하게 하는' 공부로 말끔하게 정화한다는 점에서 그렇다. 그러나 그들이 그 공부를 통해 추구하려는 지향점에는 큰 차이가 있다. 모종삼에 의하면, 장자의 그 공부는 마음의 편견과 편협한 지식으로 쌓여 있는 사람의 인식 주관을 뛰어넘는 "초지성超知性의 의미"[50]를

---

49 「正名」, "道者古今之正權也."; 「解蔽」, "何爲衡. 曰道. 故心不可以不知道, 心不知道, 則不可道而可非道."
50 牟宗三, 『名家與荀子』, 225쪽.

함축한다. 반면에 순자의 그 공부는 마음의 인식 작용을 통해 얻게 되는 지식으로, 어떤 편견에도 사로잡히지 않고 계속해서 올바른 지식을 축적하여 도덕적 선을 획득한다는 것이다. 따라서 이런 공부는 사람이 외재적이고 객관적인 도道에 대한 인식, 즉 한쪽에 치우친 편견에서 벗어나 전체를 인식하는 '대청명大淸明한 마음'을 기르는 데 집중된다.[51]

그럼 순자는 사람이 어떻게 그런 '대청명한 마음'을 기를 수 있다고 보았는가? 이 문제의 해결을 위해 그는 앞서 말한 마음의 '텅 비우는'[虛]·'하나로 하는'[壹]·'고요하게 하는'[靜] 인식 능력 이외에 또 다른, 마음의 '간직하는'[藏]·'여러 갈래로 나누는'[兩]·'움직이는'[動] 인식 작용을 제출한다.[52] 즉 전자와 후자를

---

51 이외에도 순자가 제출한 마음의 수양 공부에는 두 가지가 더 있다. 하나는 氣質을 다스려서 마음을 함양하는 공부이다. 이는 주로 氣質變化의 설명에 집중된다.(「修身」, "治氣養心之術, … 夫是之謂治氣, 養心之術也.") 둘째는 성(誠)의 수양 공부이다.(「不苟」, "君子養心莫善於誠, 致誠則無他事矣.") 채인후는 이 공부가 순자의 본의와 다소 거리가 있다고 본다.(蔡仁厚, 같은 책, 485~487쪽.)

52 「解蔽」, "人何以知道. 曰, 心. 心何以知. 曰, 虛壹而靜. 心未嘗不藏也, 然而有所謂虛, 心未嘗不兩也, 然而有所謂壹, 心未嘗不動也, 然而有所謂靜. 人生而有知, 知而有志, 志也者, 藏也, 然而有所謂虛, 不以所已藏害所將受謂之虛. 心生而有知, 知而有異, 異也者, 同時兼知之, 同時兼知之, 兩也, 然而有所謂壹, 不以夫一害此一謂之壹. 心, 臥則夢, 偸則自行, 使之則謀. 故心未嘗不動也, 然而有所謂靜, 不以夢劇亂知謂之靜."

간략하게 구분하면, 전자는 '마음'이 감각 기관의 영향으로 일어난 작용을 잘 조절하고 규정하는 인식 작용이고, 후자는 '마음'이 감각 기관의 영향을 받아서 일어난 인식 작용이다.

이제 순자가 말하는 위의 두 인식 작용이 어떤 관계에 있는가에 대한 세부적인 내용을 살펴볼 것이다.

먼저 '간직하는 것'은 '기억'[志]53으로 마음이 인식한 사물을 안에 간직하는 인식 작용이다. 이는 마음이 감각 기관의 경험 현상에 영향을 받아서 일어난 작용이라는 점에서 마음에는 반드시 인식되는 사물이 있어야지만 그것을 그 안에 간직할 수 있음을 의미한다. 하지만 마음은 아무런 여과 없이 무조건적으로 경험 현상을 받아들이지 않고 간직하고 있는 것을 조절하는 능력을 발휘한다. 이는 '텅 비우는' 능력이다. 이를 통해 마음은 그 안에 이미 갖추어진 지식을 질서 있게 정리하고 새로운 지식을 더 많이 받아들이고, 동시에 더욱더 계통 있는 지식 체계를 구축한다. 이 '텅 비우는' 공부를 통해서 마음은 모든 편견에서 벗어나 전체를 인식할 수 있는 기본 틀을 구성한다.

---

53 梁啓雄, 같은 책, 297쪽, "志同識, 記憶也."

다음으로 '여러 갈래로 나누는 것'은 마음의 상이한 사물에 대한 인식이며, 감각 기관의 경험 현상의 잡다하고 상이한 대상을 만나면서 일어나는 인식 작용이다. 마음은 동시에 상이한 사물들을 인식할 수 있지만, 사람이 어떤 한 사물을 인식할 때 다른 사물의 간섭을 받지 않게 하는 능력을 발휘한다. 이는 '하나로 하는' 능력이다. 이 '하나로 하는' 공부를 통해서 마음은 분산되지 않고 하나에 집중할 수 있는 기본 틀을 구성한다.

마지막으로 '움직이는 것'은 마음이 감각 기관의 경험 현상에 상응하여 어떠한 규제 없이 그 영역을 계속해서 넓혀 나가는 인식 작용이다. 여기서 순자는 '몽夢'과 '극劇'을 예로 드는데, '몽'은 자기 자신 안에서 일어나는 '몽상'(상상)이고, '극'은 외부에서 일어나는 '번민'(잡념)으로, 마음이 산만하게 운행될 때 과거에 경험한 형상에 매몰되어 일어나는 심리 현상을 의미한다. 여기서 마음은 계속해서 모의하고 계략을 꾸미기 때문에 끊임없이 움직인다. 하지만 이때 마음의 인식은 그런 '상상'이나 '잡념'에 영향을 받지 않고 보다 더 계통 있는 지식 체계를 구성하는 능력을 발휘한다. 이는 '고요하게 하는' 능력이다. 이 '고요하게 하는' 공부를 통해서 마음은 어디에도 막히지 않고 정확한 인식을 진행할 수 있는 기본 틀을 구성한다.

그런 '텅 비우는'·'하나로 하는'·'고요하게 하는' 마음의 수양 공부를 통과하여 도달한 최고 경계야말로 '대청명大淸明'한 마음이다.[54] 당군의의 주장처럼 마음은 '텅 비우는 것'으로 모두 갖추었기 때문에 대大이고, '하나로 하는 것'을 통해서 이 하나로 저 하나를 해치지 않기 때문에 청淸이며, '고요하면서' 통찰할 수 있기 때문에 명明이다.[55] 이런 '대청명'한 마음은 '천군天君'의 능력을 확보하여 감각 기관의 본능만이 아니라 마음의 인식 과정에서 발생하는 모든 오류를 바로잡고 의식의 통일을 구하며, 옳고 그름을 결정하고 여러 가지 폐단을 해결한다. 그래서 그는 "무엇으로 알 수 있는가? 대청명한 마음이 도를 안 뒤에 도를 긍정할 수 있다. 도를 긍정한 뒤에 도를 지킴으로써 도 아닌 것을 금할 수 있다"[56]라고 주장한다. 이렇듯이 '대청명'한 마음

---

54 「解蔽」, "虛壹而靜, 謂之大淸明."
55 唐君毅, 『中國哲學原論: 原道篇(2)』[『唐君毅全集(15)』, 臺北: 臺灣學生書局, 1986], 453쪽.
56 「解蔽」, "夫何以知. 心知道然後可道. 可道然後能守道以禁非道." 서복관은 可를 '情然, 而心爲之擇.'의 擇으로 본다.(徐復觀, 같은 책, 242쪽.) 진대제는 道의 實質이 바로 禮義이고, 즉 道가 禮義이고, 禮義가 道라고 주장한다.[陳大齊, 『荀子學說』(臺北: 中國文化大學出版部, 民國78), 95쪽.]

이 도덕 행위의 표준[權衡]인 '도'를 알고, 그런 '도'를 받아들이는 (인식하는) 순간에[57] 마음은 그 정확성을 보증받을 수 있고, 이를 통해 사람은 도덕 실천을 일정하게 보증받을 수 있다.

결국 순자의 말대로 사람이 외재적이고 객관적인 "도道를 떠나서 안으로 제멋대로 선택한다면 길흉화복의 소재를 알지 못한다"[58]라는 점에서 이를 해결하려면 사람은 반드시 '도' 자체가 '마음'의 인식 능력을 거쳐 가게 해야 한다. '도' 자체가 마음의 인식 판단을 거치지 않으면 사람의 지식이 될 수 없고, 사람의 지식이 되려면 마음의 인식 판단을 거쳐야 하기 때문이다. 이는 마음을 지식의 성취뿐만 아니라 도덕 행위의 표준인 '도'와의 합일이라는 도덕 실천의 영역에까지 끌어올리는 것이다. 이때 '마음'은 도덕 행위의 근거이고, '도'는 결코 플라톤의 이데아Idea와 같이 사람의 인식 밖에 있는 객관 객체가 아니라 사람의 삶 안에서 사람의 도덕 실천을 보증하는, 즉 인문 역사의 사물 중에서 개발된 보편 규율이다. 이런 마음이 도라는 보편 규

57 徐復觀, 같은 책, 246쪽.
58 「正名」, "離道而內自擇, 則不知禍福之所託."

율을 아는 순간부터 사람의 역사의식과 전통 의식은 발현된다
고 할 수 있다.[59]

59 唐君毅, 『中國哲學原論: 原道篇(1)』, 445-446쪽.

4장
예禮로 사회의 혼란을 막다

1. 예禮로 욕망을 길러 주고 나서 제어하다

순자가 제출한 '예'는 '인문 세계의 객관 표준'으로, 사람의 올바른 행위 규범이자 모든 인성의 자연스러운 경향[欲]을 절제하는 규범인 동시에 의문儀文(의식 절차에 관한 글) 형식을 포함하는 모든 규범의 총칭을 의미한다.[1] 여기서 서복관은 그가 그런 '예'를 주장한 원인으로 다음의 세 가지를 제출한다. 첫째, 철저한

---

[1] 「勸學」, "禮者法之大分, 類之綱紀也."; 「修身」, "禮者所以正身也."; 「王制」, "禮義者治之始也."; 「王覇」, "國無禮則不正."; 「議兵」, "禮者治辨之極也. 強國之本也."; 「性惡」, "禮義生而制法度."; 「禮論」, "禮者養也."

경험적 성격으로 추상적 원칙과 구체적 제도, 그리고 변법을 말하길 좋아하지 않았다. 둘째, 외부에서 지식을 구성하는 마음[心=認識心]을 주장하였다. 셋째, 성악性惡을 주장하였다.[2] 이에 근거하면 그의 '예'는 오로지 사람의 선험적 의식의 소산이 아니라 사람의 경험 의식, 즉 사람의 끊임없는 학습과 노력의 소산일 뿐이다. 그의 주장처럼, '예'는 성인聖人이 사려를 축적하고 인위의 일을 잘 익혀서 나왔다는 점에서 '본성'이 아니라 '인위'에서 생겨났기 때문이다.[3]

순자는 그런 '예'의 발생 배경을 사람의 '욕망'과 관련지어 설명한다. 즉 사회의 모든 혼란은 사람이 태어날 때부터 가지고 있는 '욕망'에 근거하는데, 선왕이 이 욕망으로 인해 발생하는 심각한 사회적 문제들을 해결하기 위해서 '예'를 제정하였다는 것이다.[4] 물론 그에게서 '예'는 처음부터 사람의 욕망을 제어하

---

2 徐復觀, 같은 책, 253-254쪽.
3 「性惡」, "聖人積思慮, 習僞故以生禮義而起法度, 然則禮義法度者, 是生於聖人之僞, 非故生於人之性也."
4 「禮論」, "禮起於何也. 曰, 人生而有欲, 欲而不得, 則不能無求. 求而無度量分界, 則不能不爭, 爭則亂, 亂則窮. 先王惡其亂也, 故制禮義以分之, 以養人之欲, 給人之求. 使欲必不窮乎物, 物必不屈於欲. 兩者相持而長, 是禮之所起也."

고 제거하는 것이 아니라 그것을 먼저 길러 주고 나서 제어하거나 조절하여, 사회적 재화와 균형을 맞추는 아주 중요한 역할을 수행한다. 이것을 이해하기 위해선 그가 제출한 '욕망'의 의미에 주목할 필요가 있다. 그에 의하면 '욕망'은 본질상 "본성으로 갖추어져 있는 것"(「正名」, "性之具"), 즉 사람이면 누구나 태어날 때부터 가지고 있는 것이고 기대하지 않아도 얻을 수 있는 것이며,[5] 그래서 지위가 낮든 높든 간에 어떤 사람도 결코 욕망을 없앨 수가 없다. 또 '욕망'은 속성상 가득 채우려고 해도 채워지지 않는 것이고, 그래서 돈이 많든 권력이 강하든 간에 어떤 사람도 결코 자신의 욕망을 모두 채울 수가 없다. 따라서 그에게서 '욕망'은 사람이 죽을 때까지 짊어지고 갈 운명과 같은 존재가 아닌가 한다.

그런데 순자가 제출한 욕망과 관련하여 반드시 주목해야 할 것은 사람이 현실적으로 언제나 남들보다 자신이 욕망하는 것을 더 많이 채우려고 하고, 부족하다 싶으면 밖에 나가서까지 구하려고 한다는 것이다. 욕망이 '성악설'의 핵심 근거로 부각

---

5   「禮論」, "人生而有欲." 및 "欲不待可得, 所受乎天也."

되는 지점도 바로 여기다. 분명히 사람은 서로 자신이 욕망하는 것을 더 많이 채우기 위해서 남과의 싸움을 불사하는데, 한편으로 남의 것을 빼앗으려고 다투기도 하고, 또 한편으로 자신의 것을 빼앗기지 않으려고 다투기도 한다. 이런 행위들은 결과적으로 그 자신의 파멸뿐만 아니라 사회질서의 파괴로 이어질 뿐이다.

그럼 순자는 그런 사회질서가 파괴되는 상황을 어떻게 극복하려고 하였는가? 그의 논지는 만약 사회의 재화가 사람이 욕망하는 것보다 훨씬 더 많다면, 즉 사람이 욕망하는 것을 항상채워 줄 수가 있다면 그런 파괴는 거의 일어나지 않는다는 것이다. 하지만 그것은 오로지 이상적인 희망 사항일 뿐이고, 실제로는 '사람들이 같은 물건을 서로 탐내거나 욕심낼 때 물건이 적기 때문에, 적으면 반드시 다툴 수밖에 없다는 것이다.'[6] 이렇듯이 그 다툼의 원인이 현실적으로 재화가 유한적이고 사람의 욕망이 무한적이라는 점에 있다면 사람이 욕망하는 것을 모두채워 준다는 것은 너무나도 비현실적인 일이다. 이 때문에 순

---

6 「富國」, "天下害生縱欲, 欲惡同物, 欲多而物寡, 寡則必爭矣."

자가 선택한 방법은 "긴 것을 끊어서 짧은 것을 늘리고, 넉넉한 것을 덜어서 부족한 것을 보태 주듯이"[7] 사람이 태어날 때부터 가지고 있는 '욕망'을 처음부터 모두 없애는 것이 아니라 어느 정도까지 길러 주어야 한다(양욕養欲)는 것이다.

순자는 그런 관점에서 송견宋鈃의 과욕寡欲을 신랄하게 비판한다. 즉 송견은 근본적으로 사람의 욕망이 많기를 욕망한다는 사실을 부인하고, '사람의 정情이란 많기를 욕망하는 것[欲多]이 아니라 적기를 욕망하는 것[欲寡]'이라고 주장한다.[8] 이런 주장은 순자가 결코 받아들일 수 없는 것이다. 왜냐하면 그가 볼 때 사람의 정욕情欲이란 입·코·귀·눈·형체가 그 본래의 기능을 발휘하는 것이기 때문이다. 예컨대, 만약 그 기능이 제대로 발휘되지 않는다면 우리의 "눈은 아주 좋은 색을 볼 수 없고, 귀는 아주 좋은 소리를 들을 수 없고, 입은 아주 좋은 맛을 느낄 수 없고, 코는 아주 좋은 냄새를 맡을 수 없고, 형체는 아주 좋은 편안함을 향유할 수 없을 것이다."[9] 이렇듯이 '욕망'의 본래 속

---

7   「禮論」, "禮者, 斷長續短, 損有餘, 益不足."
8   「正論」, "子宋子曰, 人之情欲寡而皆以己之情爲欲多, 是過也, 故率其群徒, 辨其談說, 明其譬稱, 將使人知情之欲寡也."

성을 단지 사람의 생리 기능이라 한다면 사람이 많기를 욕망하는 것은 단지 자연스러운 경향에 속할 뿐이다. 따라서 사람의 정이 적기를 욕망하고 많기를 욕망하지 않는다면 이는 "사람의 정을 부유하고 귀하게 하는 것이라 하면서도 재화를 욕망하지 않는 것이고, 아름다운 것을 좋아하면서도 서시를 미워한다고 생각하는 것과 같은 것"[10]이다.

　순자가 볼 때 송견의 주장은 "사람들이 욕망하지 않은 바로서 상賞을 주고 사람들이 욕망하는 바로서 벌罰을 주는"[11] 모순된 행위를 불러오기에 충분하다. 왜냐하면 만약 사람의 '정'이 진실로 많기를 욕망하지 않고 적기를 욕망한다면 '상'과 '벌'은 모두 사람의 재부를 증가시키거나 감소시키는 등의 발생 작용을 따를 필요가 없기 때문이다. 바로 그가 "정치를 논의함에 있어 사람이 욕심 버리기를 기대하는 사람은 욕심을 바르게 이끌 줄 모르면서 욕심을 갖는 것만 곤혹스러워 하는 사람이다. 정치를 논의함에 있어 욕심을 적게 갖기를 기대하는 사람은 욕심

---

9 「正論」, "…目不欲綦色, 耳不欲綦聲, 口不欲綦味, 鼻不欲綦臭, 形不欲綦佚."
10 「正論」, "以人之情爲欲富貴而不欲貨也, 好美而惡西施也."
11 「正論」, "然則先王以人之所不欲者賞, 而以人之所欲者罰邪. 亂莫大焉."

을 절제시킬 줄 모르면서 욕심 많은 것에 곤혹스러워하는 사람이다"[12]와 "송자는 욕망에 가려 얻는 것을 알지 못했다"[13]라고 비판한 근거는 여기에 있다.

결국 순자는 사람의 욕망을 '예'에 근거하여 어느 정도 길러 준 다음에 사람의 욕망이 일정한 범위를 넘어서지 않게 '예'로 잘 단속해 나갈 것을 주장한다. 이때 '예'는 사람이 사회생활을 하면서 자기 신분에 알맞게 일하고 행동하며 그에 따른 알맞은 보상을 받게 하여 조화롭고 평화롭게 살게 하는 데 근본 의의가 있다. 즉 왕이 왕답게, 신하가 신하답게, 부모가 부모답게, 자식이 자식답게 살아가게 하기 위한 근본 원칙이 '예'라는 것이다.

2. 후왕이 완성한 예禮를 본받다

순자는 "맹자의 '법선왕法先王'과 비교되는, 즉 '인문 역사 발전

---

12 「正名」, "凡語治而待去欲者, 無以道欲而困於有欲者也, 凡語治而待寡欲者, 無以節欲而困於多欲者也."
13 「解蔽」, "宋子蔽於欲而不知得."

의 구체적 증거'이자 '인문 세계의 객관성'을 보증하는 '예의를 융성하게 하는'[隆禮義] 역사적 근거"[14]로 '법후왕法後王'을 제출한다. 그렇다고 해서 그가 전적으로 '법선왕'을 반대하고, 오직 '법후왕'만을 긍정한 것은 아니다. 분명히 그는 선왕先王의 위대함을 강조하고, 특히 그 선왕이 제정한 예의에 아주 중요한 의미를 부여하여 '법선왕'에 대한 긍정적 평가를 내리고 있다.[15] 즉 그는 후왕의 법도와 마찬가지로 선왕의 법도를 결코 부정하지 않는다는 것이다.[16] 예컨대, 하夏나라의 우임금은 순임금을 기준 삼으면 후왕이지만 주나라의 문왕을 기준 삼으면 선왕인 것처럼, 지금을 기준 삼으면 선왕은 오직 과거의 왕이지만 선왕이 살던 당시를 기준 삼으면 선왕은 후왕이고, 역으로 지금의

---

14 韋政通, 『荀子與古代哲學』(人人文庫, 臺北: 臺灣商務印書館, 1992), 15쪽.

15 「勸學」, "不聞先王之遺言, 不知學問之大也.";「非相」, "凡言不合先王, 不順禮義, 謂之奸言. 雖辯, 君子不聽. 法先王, 順禮義, 黨學者, 然而不好言, 不樂言, 則必非誠士也";「非十二子」, "不法先王, 不是禮義, 而好治怪說, 玩琦辭, 甚察而不急, 辯而無用, 多事而寡功, 不可以爲治綱紀.";「儒效」, "儒者, 法先王, 隆禮義.";「禮論」, "是以爲人願, 先王之道, 忠信孝子之極也. … 先王案爲之立文, 尊尊親親之義至矣.";「富國」, "先王明禮義以一之."

16 「非相」, "五帝之外無傳人, 非無賢人也, 久故也, 五帝之中無傳政, 非無善政也, 久故也, 禹湯有傳政而不若周之察也, 非無善政也, 久故也. 傳者久則論略, 近則論詳. 略則擧大, 詳則擧小. 愚者聞其略而不知其詳, 聞其細而不知其大也. 是以文久而滅, 節族久而絶."

후왕도 나중에 가면 선왕일 뿐이다. 이렇게 보면 그에게서 선왕과 후왕을 나누는 기준이란 절대적인 것이 아니라 단지 시간의 흐름 속에서 앞 시대에 살았고 뒤 시대에 살았다는 것에 불과할 뿐이다.

그럼에도 순자가 '법후왕'을 특별히 강조한 이유는 무엇인가? 그 핵심은 비록 선왕이 '예'를 만들기는 했으나 그 '예'가 너무 오래되어 큰 줄거리만 알 수 있다는 점에서 본받기가 어렵고, 후왕이 만든 '예'가 시대가 가까워서 자세하게 알 수 있다는 점에서 본받기가 쉽다는 것이다. 즉 선왕에게 어떤 문제가 있어서가 아니라 선왕이 전해 준 '예'가 시간이 너무 오래되어 끊어지고 생략됐거나 자세하지 않아서 본받기 어렵다는 것이다. 이렇듯이 전해 내려오는 것은 시간이 흐를수록 더욱 간략해지고, 최근의 것일수록 더욱 자세하다는 점에서 '과거의 것이란 현재 남아 있는 것들을 자세하게 살펴보면 충분히 알 수 있다'는 것이다. 따라서 그에게서 선왕과 후왕은 그 본질에서 누가 더 뛰어나느냐의 차이가 없고, 단지 그 내용에서 대략적이냐 상세하냐의 차이만이 있다고 할 수 있다.

그런 이유에서 순자는 사람이라면 누구든지 간에 반드시 '후왕'에 와서 완비된 법도를 사용하지 않고, 단지 손상되어 완전한 형태가 아닌 '선왕'의 법도를 본받는 등의 우매한 행위를 일삼아서는 안 된다고 주장한다.[17] 만약 그런 행위를 일삼으면 그것은 "마치 자기의 임금을 버리고 남의 임금을 섬기는 것과 같이",[18] 본말本末이 전도된 행위라는 것이다. 이런 결과를 피하려면 사람은 반드시 역대 '선왕'의 법도를 이어받아 보다 분명하게 종합하고 완성한 '후왕'의 법도를 본받아야 한다. 즉 과거 선왕의 법도를 보려면 반드시 현재 '후왕'의 법도로 말미암아야 한다는 것이다. 따라서 '선왕'의 자취가 지금 '후왕'의 법도에 찬연히 구비되어 있음을 충분히 파악해 나간다면[19] 사람은 현실의 다양한 문제를 현실 속에서 충분히 해결해 나갈 수 있고, 인문 역사의 발전도 충분히 도모해 나갈 수 있다고 할 수 있다.

결국 순자가 제출한 '법후왕'은 역사의 발전 과정에서 선왕이 만든 '예'를 이어받은 후왕이 전승하고 종합하여 완성한 '예'를 본받는 것인데, 여기서 '법후왕'은 그 안에 오직 후왕만을 본받

---

17 「儒效」, "呼先王以欺愚者而求衣食焉 … 是俗儒者也."
18 「非相」, "舍後王而道上古, 譬之是猶舍己之君而事人之君也."
19 「非相」, "欲觀聖王之跡, 則於其餐然者矣, 後王是也. 彼後王者, 天下之君也."

아야 한다는 의미가 아니라 선왕과 후왕의 유기적 관계, 즉 과거의 가치를 받아들이면서 현재의 가치를 새롭게 창출해 나가야 한다는 의미를 담고 있다. 따라서 그의 '법후왕'은 '예'의 역사적 근거를 마련하고, 동시에 '예의지통(통류)'을 실현하기 위한 예비적 차원에서 아주 중요한 의미를 갖는다고 할 수 있다.

3. 예의지통禮義之統을 구현하다

순자는 과거에서 현재까지 이어지는 역사 발전 속에서 변하지 않는 하나의 공통 원리를 찾아내어 사회의 제반 문제들을 해결해 나가려고 하였다. 그 공통 원리는 과거의 성왕들이 축적한 '예의법도禮義法度'의 전 과정을 낱낱이 살펴서 논의한 뒤에 하나로 통일하고 체계적으로 종합한 '통류統類'이자 '예의지통'이었다. 이제 '통'과 '류', 그리고 '통류'와 '예의지통'이 어떤 의미를 가지고 있는가에 대해서 논의할 것이다.

먼저 '통統'이다. 이는 '예'의 근본으로, '지식의 조리와 계통'[20]

---

20 徐復觀, 같은 책, 257쪽.

을 가리킨다. 이 '지식'은 내부로부터 구성된 '주관적 지식'이 아니라 외부로부터 구성된 '객관적 지식'이다. 이렇게 보면 순자가 맹자를 "대략 선왕을 본받았으나 그 통統을 알지 못한다"(「非十二子」, "略法先王而不知其統")라고 비판한 이유를 충분히 알 수 있을 것이다. 앞서 보았듯이 순자가 '법선왕'을 인정하였다는 점을 고려하면 그 비판의 핵심은 '법선왕'에 있지 않다. 단지 그것은 맹자가 선왕에 대해 "차마 하지 못하는 마음을 가지고 차마 하지 못하는 정치를 한다"(「梁惠王」上, "以不忍人之心, 行不忍人之政")라고 말했듯 다소 주관적 의식에만 머물렀을 뿐이다. 즉 성인이 '예'로 천하의 근본을 삼았음을 알지 못했고, 또한 선왕의 치도治道를 통이라는 하나의 객관적 근거로 이끌어 내지 못했다는 데 있다고 할 수 있다.

그렇게 보면 순자에게서 '통'은 '지금까지 계속해서 이어져 없어지지 않고 후대까지 관통하는 하나의 객관적 법칙'이자 '많은 왕들이 다스려서 변하지 않는 대도大道'로서 '예'의 별칭이다.[21] 즉 '통'은 '예'이고, '예'는 '통'이다. 그래서 이런 '통'을 잘 파악하

---

21 楊倞注, 『荀子』, "無變, 不易也. 百王不易者, 謂禮也. 言禮可以爲之條貫."

고 그것에 근거하면 사람은 다양한 변화에 대응하여 어떠한 흔들림도 없이 앞을 향해 계속해서 나아가 인문 역사의 발전을 충분히 모색해 나갈 수 있다는 것이다.

다음으로 '류類'이다. '류'는 법의 근본이다. 만약 사람이 오직 '법'만을 지킨다면 '법'이 이르지 않은 것은 모두 사라지고 말 것이다. 이런 사태를 방지하기 위해서는 반드시 '법'의 이치에 대한 논의가 전제되어야 한다. 그래야지만 사람은 '법'에 없는 것을 '류'에 따라서 행할 수 있다. 이렇게 보면 '류'의 발생 원인은 '법'의 이치를 '논의하는 것'에 있고, '류'의 역할은 '법교와 견문이 미치지 못하는 것을 구하고' 그 부족한 것을 더욱더 보충해주는 일이 아닐 수 없다.[22]

바로 '류'에 근거할 때 사람은 하나로 말미암아 여러 가지를 알 수 있다. 지금으로 말미암아 옛날을 알 수 있듯이, '후왕'의 법도로 말미암아 '선왕'의 법도를 알 수 있다. 이렇듯이 사람이 여러 일에 대응하고 사리의 옳고 그름을 가릴 수 있는 근거는 '류'에 있다는 것이다.[23] 따라서 그의 "옛날과 지금은 하나이다.

---

22 「王制」, "法敎之所不及, 聞見之所未至, 則知不能類也."

류는 어그러지지 않으니, 비록 오래되었더라도 동일한 이치이다"[24]라는 말처럼, '류'는 시대가 변해 가더라도 '변하지 않는 원칙', 즉 사람 세계의 질서 규칙(「非相」, "先祖者 類之本也")이자 만세의 규칙(「禮論」, "萬世則")인 것이다.

마지막으로 '통류'이다. 앞에서 살펴본 '통'과 '류'는 서로 떨어질 수 없는 유기적·역동적 관계에 있다. 즉 '류'를 알지 못하면 '통'을 알지 못하고, 역으로 '류'를 밝힌 뒤에야 비로소 '통'을 밝힐 수 있다. 이렇듯이 '류'는 '통'에 근거하며, '류'의 내용은 '법이 미치지 못하고, 견문이 이르지 못하는 바를 아는 것'이다. 그래서 사람이 '통'을 안다면 '예'의 근본을 지킬 수 있고, '류'를 안다면 만사에 대응해 나갈 수 있다. 따라서 뒤 시대가 앞 시대를 완전히 배제하거나 반대로 앞 시대에만 머문다면 인문 역사의 발전은 결코 달성될 수 없겠지만, 뒤 시대가 앞 시대의 성취를 받아들이면서 새로운 시대의 지표를 만들어 완성해 나간다면 인문 역사의 발전은 반드시 성취될 수 있다고 할 수 있다.

---

23 「儒效」, "倚物怪變, 所未嘗見也. 卒然起一方, 則擧統類而應之."; 「君道篇」, "其交遊也, 緣義而有類 … 審之禮也."
24 「非相」, "古今一也, 類不悖, 雖久同理."

그렇게 보면 '통류'는 사람이 자신들의 앞에 놓인 거친 환경을 개척하는 과정에서 조금씩 싹을 키워 하나의 거대한 열매로 맺은 공동 원리, 즉 "인간이 살아오면서 누적한 역사 문화 속에서 유출해 낸 생존 원리"[25]라고 할 수 있다. 혹자는 그것이 '순자학 건립의 근거로 전통 안에서 발현된 공동의 원리'[26]라고 주장하기도 하는데, 엄밀하게 말해 그것은 예의법도의 원리다. 이렇게 보면 '통류를 안다'는 것은 바로 '예의법도'의 발전 과정에서 드러나는 공통 원리를 안다는 것이며, 이 원리가 바로 '예의지통'이다.

그런 '예의지통'은 '예'의 내용이 새로운 요구에 적응하지 못할 때 그 통류에 근거하여 새로운 것을 창제해 나갈 수 있다는 중요한 의의를 가진다. 그래서 그것은 "가까운 것으로 먼 것을 알고, 지금의 것으로 옛날의 것을 아는 것"으로, "사회 각각의 직분을 올바르게 세워 국가를 경영하고 천하를 평화롭게 하는 외왕지도外王之道의 핵심 근거이자"[27] '인문 세계의 가치 근원'

---

25 金忠烈, 같은 책, 118쪽.
26 韋政通, 『中國哲學辭典』(臺北: 大林出版社, 1983), 統類條, 613쪽.
27 金忠烈, 같은 책, 113쪽.

이다. 왜냐하면 그것은 선왕들이 쌓아 온 예의법도를 하나로 전승하고 체계 있게 종합하여 완성한 후왕의 '예'를 통해서 사회의 제반 문제를 해결해 나가는 동시에 새로운 변화를 모색해 나가는 데 그 목적이 있기 때문이다. 따라서 순자는 선왕에서 후왕까지 끊임없이 이어진 '예'를 본받고, 예의를 높여서 제도를 통일해 나간다면 사람의 역사 문화는 끊임없이 발전하고, 전통은 끊임없이 이어진다고 보았다.

결국 순자가 제출한 '예의지통'은 '사람의 경험 의식에서 이루어지는 것'으로, 사람이 사회의 모든 일에 맞서 응하여 새로운 변화를 찾아 나가는 데 그 근본 목적이 있다. 그가 오직 '부국강병'만을 목표로 하는 현실 정치의 문제점을 강하게 비판하면서 국가와 백성이 모두 잘사는 세상을 만들기 위한 구체적인 방법들을 제시할 수 있었던 근거도 여기에 있다. 이렇게 보면 그는 '현재'만을 최고의 가치로 여겨 역사의식과 전통 의식을 부정한 사상가가 아니라 역사의식과 전통 의식을 존중하여 '과거'라는 반석 위에 '현재'를 올려놓고서 현재의 나아가야 할 지표와 방향을 구체적으로 제시한 사상가라고 할 수 있다.

5장
경제로 백성을 부유하게 하다

1. 부국富國은 부민富民이다

순자가 제출한 '부국'은 단순히 국가의 창고에 재물을 가득 쌓아 두고서 임금을 부유하게 하는 것이 아니라 백성의 창고에 재물을 가득 쌓아 두고서 백성을 부유하게 하는 것을 말한다. 그래서 임금이 국가 경영에 있어서 세금에 차등을 두고 백성의 일을 바르게 처리하며 만물을 이루어 주는 것은 다름 아닌 모든 백성을 잘살게 하는 것(양만민養萬民)이다.[1] 이 때문에 국가의

---

[1] 「王制篇」, "王者之法, 等賦, 政事, 財萬物, 所以養萬民也."

모든 정책은 바로 백성의 경제적 안정을 이룩하여 그들의 삶을 안락하게 하는 데 집중되어야 한다.

이와 같이 순자는 '부국'의 실현에서 백성을 잘 길러서(양민養民) 부유하게 하는(부국富民) 것의 중요성을 결코 간과하지 않았다. 이는 공자가 백성을 '부국'의 중심에 두고 위정자의 임무로 백성의 생존권 보장을 최우선으로 했던 민본民本의 관점을 보다 적극적으로 계승한 결과라고 할 수 있다. 이는 그의 '임금'과 '백성'의 관계에 대한 다음과 같은 주장을 통해서 충분히 알 수 있다.

첫째, "하늘이 백성을 낳은 것은 임금을 위한 것이 아니고, 하늘이 임금을 세운 것은 백성을 위한 것이다."[2] 즉 임금의 존재는 백성이 있기에 가능하고, 임금은 백성의 수요에 응하여 존재하며, 백성의 생존은 임금이 존립할 수 있는 가장 기본적 수요라는 것이다.

둘째, "전傳에 말하기를, 임금은 배이고, 백성은 물이다. 물은 배를 실을 수 있고, 물은 배를 전복시킬 수 있다.(군주민수君舟民

---

2 「大略篇」, "天之生民, 非爲君也, 天之立君, 以爲民也."

水)"³ 이는 하나의 혁명론이다. 즉 첫째 입장을 실현할 수 없다면, 즉 임금이 백성의 현실적 삶을 안정시켜 그들을 부유하게할 수 없다면 '백성은 언제든지 임금을 그의 자리에서 쫓아낼수 있다'는 것이다. 이 때문에 임금은 백성의 자연 생명을 보장하기 위해서 자신의 이익이 아닌 백성의 이익을 항상 제일 앞에 두어야 한다.

셋째, "거동[儀]이 바르면 그림자[景]가 바르고, 쟁반[盤]이 둥글면 물[水]이 둥글다. … 임금은 백성의 근원이다. 근원이 맑으면하류가 맑고, 근원이 탁하면 하류가 탁하다."⁴ 그는 임금을 거동과 쟁반에, 백성을 그림자와 물에 비유하는데, 엄밀하게 말해 '그림자'는 '거동'의 움직임에 따라서 그 모습을 달리하고, '물'은 '쟁반'의 생김새에 따라서 그 형태를 달리한다. 이때 그달라진 모습은 단지 외형적 변화만이 아니라 그 내적 변화까지도 포괄한다. 이렇게 보면 '그림자가 바르다'와 '물이 둥글다'는것은 임금 자신의 '강력한 힘'의 결과가 아니라 그 자신의 '백성

---

3 「王制篇」, "傳曰, 君者, 舟也, 庶人者, 水也. 水則載舟, 水則覆舟. 此之謂也."
4 「君道篇」, "君者儀也, 民者景也, 儀正而景正. 君者槃也, 民者水也, 槃圓而水圓."

에 대한 사랑'의 결과를 비유적으로 표현한 것이라 할 수 있다. 즉 임금은 오직 백성을 힘이 아닌 사랑으로 대할 때만 근원이 되기 때문에 만약 임금이 백성을 사랑으로 대하면[原淸] 백성은 마음을 열고 그를 받아들이지만[流淸], 그렇지 않다면[原濁] 백성은 마음을 닫고 그를 받아들이지 않는다는 것이다[流濁].[5]

정리하면, 순자의 위와 같은 주장은 기본적으로 공자가 강조한 '민본'의 입장을 벗어나지 않는다는 점에서 궁극적으로 '임금의 관점'이 아닌 '백성의 관점', 즉 '임금의 고도의 정치술'이 아닌 '임금의 백성에 대한 사랑과 존중'에 기초한다고 볼 수 있다. 왜냐하면 그는 임금과 국가의 운명을 백성이 현실 생활에서 충분히 안정된 삶을 누리고 있는가와 직접적 관계가 있다고 통찰하여, 공자와 같이 '애민愛民', '양민養民', '리민利民'이라는 '백성의 생존권 보장'을 임금의 최대 임무로 규정지었기 때문이다.

결국 순자가 제출한 '부국'의 실현은 '임금의 관점'에서 임금의 입지를 더욱 강화해 나가거나 그 역량을 더욱 확대해 나갈

---

5 「君道」, "君者, 民之原也, 原淸則流淸, 原濁則流濁."

때 가능한 것이 아니라 '백성의 관점'에서 임금에 대한 백성의 입지를 더욱 강력하게 부각시켜 백성의 정치적·경제적 안정을 도모해 나갈 때 가능하다. 따라서 그의 '부국'은 공자가 제출한 '민본'의 관점을 계승하고 확충하는 속에서 새 시대의 요구에 새롭게 부응했던 경제 논리로 중요한 의미를 가진다고 할 수 있다.

2. 농업을 중심으로 생산량을 증대하다

1) 농부의 수를 늘리고 상인과 장인의 수를 줄이다

앞서 보았듯이 순자는 하늘을 사람과 어떤 관계도 없이 스스로 움직이고 변화하는 자연 세계로 규정하였다. 그래서 그는 사람이란 반드시 "자연 세계에서 만물이 어떻게 생겨났는가"라는 근원적 문제의 해결에 일체 관심을 두지 말고[不求知天], "만물을 어떻게 제어하고 이용할 것인가(자연에 대한 개조)"라는 현실적 문제의 해결에 자신의 모든 역량을 집중시켜야 한다고 강조하였다[知天]. 왜냐하면 그가 볼 때 만물을 제어하고 이용하는 궁극 목적은 백성들의 삶을 향상하는 데 있으며, 그 향상의 실질적인 해결은 현실 정치의 기능들이 올바르게 작동할 때 가능하기 때문이었다.

또한, 순자는 그 당시의 불합리하고 모순된 현실 상황이 백성의 풍족한 삶의 실현을 가로막는 벽으로 작용하고 있다는 사실을 충분히 인지하였다. 물론 그 벽의 주체는 당시의 임금이었다. 그래서 그는 돈을 거둬들여 백성의 재물을 갈취하는, 무거운 세금을 매겨 백성의 식량을 빼앗고 상인의 장사를 어렵게 하는, 허물을 들춰내거나 권모술수로 남을 기만하여 국가를 큰 위험에 빠트리는 행위 등은 모두 임금이 스스로 취한 것이라 주장한다.[6]

이제 순자는 그런 사회적 혼란을 수습하기 위한 일환으로, 그 당시 농업 중심(강본彊本)의 경제 구조 속에서 국가와 백성이 모두 잘살려면 우선적으로 농부의 수를 늘리고 상인과 장인의 수를 줄여야 하는데, 이것이 백성의 생生을 기르는 것이라고 주장한다.[7] 즉 농부의 수보다 상인과 장인의 수가 더 많으면 이는

---

6 「富國」, “今之世而不然. 厚刀布之斂以奪之財, 重田野之稅以奪之食, 苛關市之征以難其事. 不然而已矣, 有掎挈伺詐, 權謀傾覆, 以相顚倒, 以靡敝之, 百姓曉然皆知其汙漫暴亂而將大危亡也. 是以臣或弑其君, 下或殺其上, 粥其城, 倍其節, 而不死其事者, 無它故焉, 人主自取之.”

수요와 공급의 구조에 심각한 불균형을 가져와 국가를 가난하게 한다는 것이다.[8] 그런데 여기서 문제의 핵심은 그가 농업과 상공업을 서로 별개의 업종이 아니라 긴밀하게 협조하는 유기적 관계로 본다는 점이다. 그렇다면 그의 주장은 단지 그 당시 늘어나는 상인과 장인의 수만을 제한한다는 의미이지 그 업종 자체를 부정하는 의미가 아니라고 할 수 있다. 만약 장인이 농사에 유용한 기구를 만든다면 농부는 그 기구를 이용하여 생산량의 증대를 달성할 수 있고, 또 상인이 정직하게 물건이 남는 지역과 물건이 모자라는 지역을 잘 살펴서 모자라는 지역으로 물건을 보낸다면 물자의 부족을 막을 수 있기 때문이다.

이와 같이 생산량의 증대는 국가가 '농업'을 중심으로 하되, '공업'도 함께 발전시켜 농업의 생산량을 증대시키는 생산 공구들을 더 많이 만들어 내거나 '상업'도 함께 발달시켜 생산된 농작물들을 각 지역에 골고루 보낼 때 달성될 수 있다. 즉 생산량의 증대는 농업을 중심으로 하되 그것과 다른 산업들 간의 유

---

7 「君道」, "省工賈, 衆農夫, 禁盜賊, 除奸邪, 是所以養生也."
8 「富國」, "工商衆則國貧."

기적 관계를 잘 이끌어 낼 때 가능하다는 것이다.

결국 순자의 관점에서 사회의 발전을 달성하기 위해서는 반드시 어느 하나의 업종만을 단독으로 장려해서는 안 되고, 서로의 유기적 관계를 적극 장려해야 한다. 다만 그는 경제 질서가 거의 마비되고 파괴된 당시의 현실 상황에서 백성들의 실질적인 삶을 보장하는 '농업'을 장려하기 위한 현실적 근거를 마련할 목적에서 제한적으로 농부의 수를 늘리고 상인과 장인의 수를 줄이라고 주장했던 것이다.

2) 시기를 보장하다

순자는 생산량의 증대를 위한 일차적 관건으로 '시기'의 보장을 강조한다. 즉 옛날이나 지금이나 다음의 일은 상식적인 일이다. 즉 초목이 싹틀 때 숲속에 들어가 도끼질을 하지 않아야 초목이 잘 자랄 수 있다. 또한 물고기의 산란기에 그물을 던지지 않아야 물고기가 잘 클 수 있다. 또한 농사의 네 가지 과정(봄에 밭 갈고 여름에 김매고 가을에 추수하고 겨울에 저장하는 것)을 잘 지켜야 곡식이 풍부해진다. 그리고 일정한 금어기를 두어야 물고기가 풍부해진다. 끝으로 나무를 베거나 기르는 일을 알맞게 하여야 산림이 우거져서 사람들이 목재로 사용할 수 있다. 이렇듯이 그가 볼 때 임금은 그런 시기를 잘 살펴보고 백성이 일할 공간을 마련해 주는 속에서 시기의 보장을 통한 물자의 풍요를 이룩해야 한다. 이것은 모두 성왕聖王의 행정에서 오는 효과다.[9]

3) 사람의 사회적 직분을 밝히다

이와 같은 생산량의 증대를 위해서는 위에서 열거한 것 이외에도 한 가지 전제가 더 필요하다. 이는 분업의 문제, 즉 사람이 사회적 직분을 밝히는 것인 동시에 자신이 맡은 직분을 넘어 다른 사람의 생존 영역에 마음대로 들어가서 일을 빼앗거나 이익을 다투는 등의 행위를 못하게 하는 것이다. 즉 농부는 밭을 나누어 농사를 짓고, 상인은 재물을 나누어 판매하고, 장인은 일을 나누어 물건을 만들고, 사대부는 관직을 나누어 정사

---

[9] 「王制」, "故養長時, 則六畜育, 殺生時, 則草木殖. 政令時, 則百姓一, 賢良服. 聖王之制也, 草木榮華滋碩之時, 則斧斤不入山林, 不夭其生, 不絶其長也, 黿鼉魚鱉鰍鱣孕別之時, 罔罟毒藥不入澤, 不夭其生, 不絶其長也, 春耕, 夏耘, 秋收, 冬藏, 四者不失時, 故五穀不絶, 而百姓有餘食也, 汚池淵沼川澤, 謹其時禁, 故魚鱉優多, 而百姓有餘用也, 斬伐養長不失其時, 故山林不童, 而百姓有餘材也. 聖王之用也."

를 맡으며, 봉건 제후는 영토를 나누어 지키고 삼공이 정사를 총괄하여 결정해 나가는 것이다. 이것들의 실현 속에서 천하는 공평히 잘 다스려질 수 있고(예법의 큰 강령),[10] 사람들은 자신의 위치에서 생산량의 증대를 위한 활동에 모든 역량을 집중시킬 수 있으며, 이와 함께 사회도 안정된 상태를 유지해 나갈 수 있는 것이다.

그런데 문제는 오늘날도 마찬가지로 사람이 사회적 직분을 밝혔어도 그 각각의 직분에 따라 생산물을 분배하는 과정에서 차별이 있거나 공정하지 않으면 사람은 서로에 대한 불만을 드러내고, 나아가 서로에 대한 다툼을 멈추지 않는다는 것이다. 이는 결과적으로 사회를 큰 혼란에 빠뜨릴 뿐이다. 그래서 생산물의 분배는 반드시 사회적 직분에 준하되, 항상 차별 없이 이루어져야 한다. 그렇다고 해서 모든 사람들에게 똑같은 양을 분배할 수는 없고, 반드시 그들이 사회에서 맡은 직분을 얼마나 잘 수행했는가를 살펴서 분배해야 한다. 바로 순자가 그 분

---

10 「王霸」, "農分田而耕, 賈分貨而販, 百工分事而勸, 士大夫分職而聽, 建國諸侯之君分土而守, 三公摠方而議, 則天子共己而已矣. 出若入若, 天下莫不平均, 莫不治辨, 是百王之所同也, 而禮法之大分也."

110

배의 기본 방향을 예의 법도의 확립과 신분의 등차·나이의 차이·인격과 능력의 구별을 명확히 하여 각자에 알맞은 직분을 준 뒤에 분배의 기준을 마련해야 한다고 주장한 근거는 여기에 있다.[11]

3. 절용節用의 목적은 생산량의 증대에 있다

1) '절용'한 것을 생산량 증대에 투자하다

순자의 '절용'에 관한 관점에서 중요하게 부각되는 인물은 다름 아닌 묵자다. 그는 묵자가 '재물을 헤프게 쓰지 않고 알뜰하게 생활한 것'을 어느 정도 인정하면서도 그의 '절용'에 대해서만큼은 비판의 끈을 놓지 않는다. 그 비판의 핵심은 묵자가 천하 사람들의 재물이 풍족해지지 않을까 봐 근심한 나머지 오직 절약하기만 하고, 그 절약한 것을 국가의 생산량 증대에 투자하지 않는다는 것이다. 이런 이유로 그는 묵자의 '절용', 즉 재

---

11 「榮辱篇」, "故先王案爲之制禮義以分之, 使有貴賤之等, 長幼之差, 知愚能不能之分, 皆使人載其事而各得其宜, 然後使穀祿多少厚薄之稱, 是夫群居和一之道也."

물을 그냥 쌓아 두기만 하는 행위란 어떤 경우든지 간에 사회의 발전을 가로막을 뿐만 아니라 궁극적으로 천하 사람들을 가난하게 만들 뿐이라고 보았다.[12] 그래서 그는 묵자의 그 근심이란 천하 사람들에게 모두 있는 근심이 아니라 오로지 그 자신만의 근심이라고 주장한다.[13] 따라서 순자는 만약 묵자의 '절용'에 근거하여 천하를 다스리면 사람의 생활은 아주 척박해질 것이고, 이렇듯이 생활이 척박해지면 사람의 기본 욕망이 충족되지 않으며, 기본 욕망이 충족되지 않으면 상賞을 주는 일을 못할 것이라고 강조한다.[14]

이와 같이 순자가 묵자의 '절용'을 비판하면서 주장하려 한 것은 다름 아닌 '절용'이 묵자의 경우처럼 오직 '절약'의 차원에서만 그치는 것이 아니라 반드시 '생산량 증대를 위한 투자'에까지 나아가야 한다는 데 있다. 즉 임금의 '절용'은 '절약'의 차원을 넘어 그 '절약'한 것을 반드시 각종 생산을 담당하는 사람에게까지 통과시키는 등, 백성의 삶 향상과 국가의 생산 발전

---

12 「富國」, "墨子之節用也, 則使天下貧."
13 「富國」, "墨子之言昭昭然爲天下憂不足. 夫不足, 非天下之公患也, 特墨子之私憂過計也."
14 「富國」, "若是則瘠, 瘠則不足欲, 不足欲則賞不行."

에 집중되어야 한다는 것이다. 왜냐하면 임금은 백성의 부세나 부역에 의해 존재하고 직접적으로 생산 활동에 종사하지 않기 때문이다. 따라서 임금은 반드시 경제 구조의 실질적 개선에 집중하여 불필요한 '소비'를 사전에 봉쇄하고, 동시에 그 '절용'한 것을 일정한 계획하에서 '생산량 증대'에 투자해야 한다. 이를 통해 백성은 가혹한 부세나 부역에서 벗어날 수 있고, 동시에 적극적으로 '생산량 증대'에 참여하여 사회의 '부'를 실현하는 핵심 존재로 거듭날 수 있는 것이다.

결국 순자가 제출한 '절용'은 '농업'의 증진을 위한 보조 수단, 즉 임금의 불필요한 소비를 줄이는 데서 그치는 것이 아니라 그 절약한 것을 사회의 생산 발전을 위한 '생산량 증대'에 투자하는 데까지 나아간다. 이럴 때에 '절용'은 그 본래의 기능이 발휘되어 모든 사람의 삶을 향상시키는 사회의 생산 발전에 집중될 수 있다.

2) 불필요한 경비를 줄이고 세금을 가볍게 하다

순자는 '절용'을 실현하기 위한 방법으로 크게 다음의 두 가지를 주장한다.

첫째는 '불필요한 경비의 절감'이다. 여기에는 다시 두 가지가 있다. 하나는 임금이 본연의 임무를 저버리고 자리만 차지하고 있는 '관리'들을 철저하게 배제해 나가는 것이다. 왜냐하면 그들의 임무가 "농사지을 시기를 지켜서 백성을 농업에 힘쓰게 하고, 사업을 진행해서 공적을 조장하며, 백성을 화목하게 해서 게으르지 않게 하는 데 있기 때문이다."[15] 또 하나는 앞서 보았듯이 국가 경제 발전의 근본인 '농부'의 수보다 지나치게 많은 '상인'과 '장인'의 수를 과감하게 조절해 나가는 것이다.

정리하면 국가에 불필요한 관리가 많으면 이는 바로 국고의 낭비를 가져올 수 있고, 농부의 수가 상인과 장인의 수보다 적으면 이는 바로 국가의 생산 기반을 무너뜨릴 수 있으며, 이렇듯 국가의 지출에 제한이 없으면 이는 바로 국가의 경제 정책에 혼란을 가중시켜 결국 국가의 가난을 초래할 수 있다.[16] 따라서 임금이 스스로 불필요한 경비의 지출을 적극적으로 자제하고 그 방향을 백성의 삶을 향상하는 쪽으로 돌린다면 상대적

---

15 「富國」, "守時力民, 進事長功, 和齊百姓, 使人不偸, 是將率之事也."
16 「富國」, "士大夫衆則國貧, 工商衆則國貧, 無制數度量則國貧."

으로 그가 백성으로부터 취하는 것도 경감될 수 있을 것이다. 결국 이런 경비 지출의 적절성 여부는 국가의 '세금' 정책을 결정짓는 최대 관건으로 등장한다고 할 수 있다.

둘째는 '과도한 세금의 경감'이다. 이는 백성이 '농업'에 종사할 수 있도록 그 생산 여건을 충분히 보장해 주는 일이다. 순자 당시를 돌이켜 보면, 그 시기에는 임금이 천하 패권이라는 미명 아래 백성에게 가혹할 정도로 많은 세금을 수탈했기 때문에 "전야는 황폐했으나 임금의 창고는 곡식으로 가득 찼고, 백성은 궁핍했으나 임금의 창고는 재물로 가득 찼다"[17]라고 한다. 이는 백성의 재산을 착취하고, 이것으로 천하 패권이라는 자신의 정치적 야욕을 달성하려고 했던 행위와 긴밀한 관계가 있다. 즉 "그 근본을 베어 버리고 원천을 마르게 하며 말단을 독차지했던"[18] 행위 등은 오로지 백성의 생산 기반을 황폐화한 것은 물론 궁극적으로 국가의 멸망을 재촉할 뿐이었다. 따라서 가혹한 '세금 수탈로 인한 해악'은 결과적으로 백성의 삶을 더

---

17 「富國」, "故田野荒而倉廩實, 百姓虛而府庫滿."
18 「富國」, "伐其本, 竭其源."

욱더 도탄에 빠뜨렸을 뿐만 아니라 나아가 사회의 모든 질서 체계를 무너뜨리기에 충분했다고 할 수 있다.

순자의 관점에서 그런 국가의 모든 혼란은 바로 임금이 "백성을 널리 보호하고 사랑하고 통제함으로써 흉년이 들고 가뭄과 수해가 있어도 얼거나 굶어 죽지 않게 하는"[19] 임무를 저버린 데서 비롯되었다. 그래서 그는 백성의 경제적 안정이라는 기본 전제하에서 백성들에 대한 가혹한 세금 수탈을 폐기하고, 동시에 보다 적절한 '조세' 정책을 시행할 때 백성들이 안정되게 그 생업에 종사할 수 있다고 주장한다. 예컨대 상인들이 사기를 치는 것과 장인들이 조악한 물건을 만드는 것, 그리고 농부들이 농사일이 아닌 다른 곳에 재능을 쓰는 것은 모두 과도한 세금이 그 주요 원인이라는 것이다.[20] 바로 그가 "논밭의 세금을 경감하고, 관세나 시장세를 공평히 하며, 상인의 수를 줄이고, 각종 공사를 드물게 일으키며, 농사지을 시기를 빼앗지 않아야

---

19 「富國」, "若夫兼而覆之, 兼而愛之, 兼而制之, 歲雖凶敗水旱, 使百姓無凍餒之患, 則是聖君賢相之事也."

20 「王霸」, "關市幾而不征, 質律禁止而不偏, 如是, 則商賈莫不敦慤而無詐矣. 百工將時斬伐, 佻其期日, 而利其巧任, 如是, 則百工莫不忠信而不楛矣. 縣鄙將輕田野之稅, 省刀布之斂, 罕擧力役, 無奪農時, 如是, 則農夫莫不樸力而寡能矣."

하는데, 이것이 정치로써 백성을 부유하게 하는 것이다"[21]라고 주장한 근거는 여기에 있다.

순자가 볼 때 임금과 관리들은 자신들의 물질적 욕망을 채우기 위함이 아니라 백성의 삶을 증진하기 위한 "전야의 세금을 가볍게 하고 관문이나 시장의 세금을 공평하게 하는" 등의 보다 공평한 조세 정책을 실행하기 위해 존재한다. 물론 이런 정책은 일차적으로 세금과 부역을 경감하는 데 집중되지만, 이는 국가의 각종 정책으로 많은 사람을 동원하여 조직하고 적극적으로 생산에 참여시켜 생산량 증대를 달성할 때 실현될 수 있다. 따라서 임금의 최대 임무는 "토지의 정황을 고려하여 국도를 건설하고 이익 증진을 계산하여 백성을 기르고, 노동력을 생각하여 일을 시키는"[22] 등 생산 기반과 조건을 개선하며, 서로 '있고' '없는' 것을 유통시켜 천하를 한집안같이 만들어[23] 천하의 정치적·경제적 안정을 도모해 나가는 것이다.

---

21 「富國」, "輕田野之稅, 平關市之征, 省商賈之數, 罕興力役, 無奪農時, 如是則國富矣. 夫是之謂以政裕民."

22 「富國」, "量地而立國, 計利而畜民, 度人力而授事."

23 「王制」, "田野什一, 關市幾而不征, 山林澤梁, 以時禁發而不稅. 相地而衰政, 理道之遠近而致富, 通流財物粟米, 無有滯留, 使相歸移也. 四海之內若一家."

결국 순자의 '부국富國은 부민富民'이라는 관점에서 보면 '부국'
은 백성들의 삶을 위한 사회 생산량 증대와 긴밀한 관계가 있
다고 할 수 있다. 그래서 임금은 생산량 증대를 위하여 백성의
생업을 보장하는 속에서 '과도한 소비를 절제하고', '백성을 부
유하게 하며', 그 나머지를 '흉년에 대비하여 저축'하는 것이야
말로 국가 재정의 근본임을 명심해야 한다는 것이다. 또한 그
절감된 재원이 생산량 증대를 위한 투자에 집중될 수 있도록
올바른 경제 지표를 수립하여 국가의 '경제 질서'를 확립해 나
가야 한다. 이때 '예'로 비용을 절약하고, 정치로 백성을 여유롭
게 한다면[24] 국가의 재정은 충분히 확보될 수 있을 것이고, 사회
전체의 풍요와 안정은 계속해서 유지될 수 있을 것이다. 왜냐
하면 그의 말처럼 "아랫사람이 잘살면 윗사람도 잘살고, 아랫
사람이 가난하게 살면 윗사람도 가난하게 살기 때문이다."[25]

---

24 「富國」, "足國之道, 節用裕民, 而善臧其餘. 節用以禮, 裕民以政."
25 「富國」, "下富則上富, 下貧則上貧."

6장
사람의 용모에 집착하는 행위를 비판하다

1. 용모에 집착하는 관상가를 비판하다

순자가 살던 당시와 그 이전에는 춘추전국시대라는 혼란한 시대 상황과 이에 따른 사람들의 불안 심리가 서로 맞물리면서 관상술이 크게 유행했고, 이에 관상술은 많은 사람들의 관심과 지지를 받았다. 그는 「비상非相」편에서 대표적인 관상가로 두 사람을 지목했다. 즉 한 명은 춘추시대에 크게 유명세를 떨쳤던 진晉나라의 고포자경姑布子卿[1]이었고, 또 한 명은 전국시대에

---

[1] 고포자경의 이야기는 『史記』 「趙世家」와 『漢詩外傳』 9권에 실려 있다. 고포자경이 晉

유명세를 떨쳤던 양梁나라의 당거唐擧[2]였다. 이들이 내세운 주장은 한결같이 사람의 타고난 생김새나 안색을 보고서 그들의 길吉·흉凶·요夭·상祥을 알아낼 수 있다는 것이었다.[3]

하지만 순자는 관상가들의 그런 주장을 신랄하게 비판한다. 즉 그들의 말은 사람들의 타고난 용모를 교묘하게 이용하여 세상을 미혹하고 사람들을 우매하게 만들 뿐이지(혹세무민惑世誣民) 사람됨의 도리를 실천하는 것과 전혀 관계가 없다는 것이다. 순자의 이런 주장이 가능한 것은 앞서 보았듯이 그가 사람 세

의 趙簡子를 만나 簡子의 賤婢가 낳은 아들 毋邱를 장군감으로 칭찬하면서 "하늘로부터 부여받은 바는 비록 천하게 태어났지만 반드시 귀하게 될 것이다"(『史記』(北京: 中華書局, 1994, 2판 13刷本), 1785쪽, "姑布子卿見簡子, 簡子遍召諸子相之. 子卿曰, '無爲將軍者,' … 子卿曰, '吾嘗見一子於路, 殆君之子也.' 簡子召子毋卹. 毋卹至, 則子卿起曰, '此眞將軍矣.' 簡子曰, '此其母賤, 翟婢也, 奚道貴哉.' 子卿曰, '天所授, 雖賤必貴.'")라고 하였는데, 그 뒤에 그것이 증험되었다. 또한 고포자경은 孔子의 相을 보고 "네 명의 성인에 미치지 못한다"라고 말하면서 "얼굴은 추해도 악한 기운은 없고, 주둥이는 길어도 수다스럽지 않고, 멀리서 보면 파리하여 마치 초상집 개와 같다"(『漢詩外傳箋疏』 9卷(屈守元, 成都: 巴蜀書社, 1996), 791쪽, "姑布子卿曰, '得堯之顙, 舜之目, 禹之頸, 皐陶之喙. 從前視之, 盎盎乎似有王者, 從後視之, 高肩弱脊, 此惟不及四聖者也.' … '汗面而不惡, 葭喙而不藉, 遠而望之, 羸乎若喪家之狗.'")라고 하였다.

2　당거의 이야기는 『史記』「蔡澤範睢列傳」에 실려 있다. 唐擧가 李兌의 相을 보고 "백일 이내에 국정을 장악한다"(百日之內持國秉政.)라고 하였고, 蔡澤의 相을 보고 "선생의 수명은 앞으로 43년 더 살 수 있다"(先生之壽從今以往四十三歲.)라고 하였는데 모두 맞았다고 한다.(『史記』, 「範睢蔡澤列傳」, 2418쪽.)

3　「非相」, "古者有姑布子卿, 今之世梁有唐擧, 相人之形狀顏色而知其吉凶妖祥, 世俗稱之."

상에 나타나는 모든 길흉화복이란 어떤 경우에서든지 사람의 타고난 것에 의해서 결정되는 것이 아니라 모두 사람의 후천적 노력에 의해서 결정된다고 주장한 데 있다. 이 때문에 그는 "키의 장단長短, 몸집의 대소大小, 생김새의 미추美醜는 길흉과 서로 관계가 없다"[4]라는 입장에서 학자는 결코 관상술에 관심을 두지 말고, 학문을 두루 넓히고 마음을 깊이 논의하여 도덕적 선을 쌓는 데 관심을 두어야 한다고 주장한다.[5] 이런 관점에서 그는 역사적 인물들의 용모를 서로 대비시켜 관상술에 대한 자신의 비판적 관점을 보다 구체적으로 밝히고 있다.

첫째는 아름답지 않은 용모를 가지고 태어났지만 이것에 굴복하지 않고 훌륭한 인격을 갖추었던 인물들이다. 요·순·주공·굉요·공자·자궁·공손여·손숙오·섭공자고·언왕 등이 그들이다. 순자가 묘사하는 그들의 용모는 다음과 같다.

요임금은 장신이고, 순임금은 단신이며, 문왕은 장신이고 주공

---

4   「非相」, "故長短大小善惡形相, 非吉凶也."
5   「非相」, "相人, 古之人無有也, 學者不道也."

은 단신이며, 공자는 장신이고 자궁은 단신이었다. … 공손여는 신장이 7척, 안면의 길이가 3척, 이마 넓이가 3치, 코와 귀가 한데 뭉쳐 있었지만 명성은 천하에 울려 퍼졌다. 초나라의 손숙오는 기사期思(지금의 중국 하남성 지역) 땅의 촌사람으로 돌출한 대머리에 왼쪽 팔은 길고 아래턱뼈가 쑥 내밀렸지만 … 섭공자고는 몸집이 아주 작고 몹시 말라서 길을 걸을 때는 마치 그 옷 무게를 이기지 못하는 것 같았다. … 그리하여 그 인의와 공명은 후세까지 기리게 되었다. … 서나라 언왕의 상은 눈이 아래를 보지 못하고 간신히 멀리 있는 말만 쳐다볼 수 있고, 공자는 안면이 마치 도깨비 탈을 쓴 것과 같으며, 주공은 몸이 마치 죽은 나무 등걸 같고, 고요의 얼굴은 마치 껍질 벗긴 오이 빛깔 같으며, 굉요는 안면에 피부가 안 보일 만큼 수염이 많고, 부열은 몸이 마치 생선 등지느러미 세운 것 같으며, 이윤은 안면에 수염과 눈썹이 전혀 없다. 우왕은 절름발이이고, 탕왕은 반신불수이며, 요임금과 순임금은 눈동자가 셋이었다.[6]

---

6 「非相」, "蓋帝堯長, 帝舜短, 文王長, 周公短, 仲尼長, 子弓短. … 公孫呂, 身長七尺, 面長三尺, 焉廣三寸, 鼻目耳具, 而名動天下. 楚之孫叔敖, 期思之鄙人也, 突秃長左, 軒較之下, … 葉公子高, 微小短瘠, 行若將不勝其衣然. … 仁義功名善於後世. 且徐偃王之狀, 目可瞻焉, 仲尼之

위에 적시된 사람들은 하나같이 용모에서 보통 사람들과 아주 많이 달랐지만 그들은 결코 그것에 연연하여 부모를 향한 원망이나 세상을 향한 울분을 표출하지 않았다. 그들은 일에 있어서는 그런 자신들의 용모에 전혀 관심을 두지 않고,[7] 오로지 학문을 두루 넓히고 마음을 깊이 논의할 뿐이었다. 순자의 말대로 "이들의 명성이 천하에 울려 퍼질 수가 있었고, 그 인의와 공명을 후세에까지 기릴 수가 있었던 것도 여기에 있었다." 이 모든 것은 그들이 '용모'에 전혀 연연하지 않고, 끊임없이 '인위'로 '본성'을 변화시켜 도덕적 선을 쌓았기에 가능한 것이었다.

둘째는 수려한 용모를 가지고 태어났지만 그것에 안주하여 후대에 악인으로 낙인찍혔던 걸桀왕과 주紂왕이다. 이들은 모두 몸집이 장대하고 생김새가 아름다워 천하에 걸출한 인물이었고, 체력도 남들보다 월등하게 강해서 백 사람과도 필적할 만하였다. 하지만 순자에 의하면 그들은 '지려가 가장 음험하고 그 마음이 가장 어두우며 그 행위가 가장 난폭하였기 때문에 친

狀, 面如蒙俱, 周公之狀, 身如斷菑, 皐陶之狀, 色如削瓜, 閎夭之狀, 面無見膚, 傅說之狀, 身如直鰭, 伊尹之狀, 面無須麋. 禹跳, 湯偏, 堯舜參牟子."

7 「非相」, "故事不揣長, 不揳大小, 不權輕重, 亦將志乎心爾. 長短·大小·美惡形相, 豈論也哉."

한 자들도 멀리하고 현자도 천시하며 백성들이 원망했을 뿐만 아니라 한 사람도 그들을 도와주지 않았다'는 것이다.[8] 왜냐하면 그들은 학문을 제대로 넓히지 않고, 마음을 제대로 논의하지 않았으며, 본성을 따르고 감정에 맡기며 제멋대로 굴어서 이득을 탐내고 다투어 빼앗는 데 나아갔기 때문이다.[9] 그 결과 그들은 그 자신도 비참하게 죽고 나라도 망하여 후대에 악한 인물의 본보기로 널리 알려지게 되었다. 순자가 볼 때 이는 오로지 "용모가 부른 우환이 아니라 학문이 넓지 않고 마음의 논의가 저속한 것에서 나온 결과일 뿐이었다."[10] 이런 이유로 순자는 그들을 '백성들의 생명을 해치고 재물을 빼앗는 도둑'(원적怨賊)으로 규정하고, 그 자신들의 욕망을 이겨 내지 못하고 난폭한 행위를 하여 비참한 최후를 맞게 되었다고 강조했던 것이다.

결국 순자는 「정론正論」에서 "탕왕과 무왕같이 가장 현명하면 천하를 보존할 수 있으나 걸왕과 주왕같이 가장 무능하면 처자

8　「正論」, "桀紂者, 其知慮至險也, 其志意至闇也, 其行之爲至亂也, 親者疏之, 賢者賤之, 生民怨之. … 不得一人之與, …"

9　「性惡」, "所賤於桀·跖·小人者, 從其性, 順其情, 安恣睢, 以出乎貪利爭奪.

10　「非相」, "古者桀·紂長巨姣美, 天下之傑也, 筋力越勁, 百人之敵也. 然而身死國亡, 爲天下大僇, 後世言惡則必稽焉. 是非容貌之患也, 聞見之不衆, 論議之卑爾."

도 감싸주지 못한다"[11]라고 하면서, 특히 유가에서 성왕聖王으로 추앙받던 요임금과 순임금이야말로 "천하에서 교화를 가장 잘 하는 사람"[天下之善敎化者] 또는 "천하의 뛰어난 인물"[天下之英]이라고 규정했던 것이다.

2. 용모의 꾸밈에 치중하는 그 당시 세태를 비판하다

순자는 전국시대 말기라는 극도로 혼란한 상황에서 당시 세속의 사회질서를 어지럽히는 사람들(난민亂民)과 시골의 경박스러운 소년들이 오직 용모만을 아름답게 꾸미는 데 힘을 쏟고, 사람됨의 도리를 실천하는 데 전혀 힘을 쏟지 않는 것에 대해서 심하게 비판하였다. 특히 후자는 아름답고 나긋나긋하며 기이한 옷차림으로 부인처럼 장식한, 고운 혈색과 태도가 여자와 비슷한 무리로서 부인들은 이들을 남편으로 삼으려 하고 처녀들은 이들을 연인으로 삼으려 하여 집을 버리고 잇달아 달려갔지만, 보통의 사람들은 이들과 가까이하는 것을 부끄럽게 여겼

---

11 「正論」, "至賢疇四海, 湯武是也, 至罷不容妻子, 桀紂是也."

다는 것이다.

그런데 순자는 만약 그들이 관리에게 잡혀서 갑자기 처형을 당한다면 지금의 일이 괴롭고 마음 아파서 처음의 일을 후회하지 않는 사람이 없을 것이라고 강조한다. 즉 사람에 따라서 그렇게 꾸민 용모가 그들을 그런 심각한 상황으로 몰고 간다고 생각할 수도 있지만, 처형을 당한 것은 결코 용모가 부른 우환이 아니라 오로지 학문이 넓지 않고 마음의 논의가 저속한 것에서 나온 결과라는 것이다.[12]

그럼에도 순자는 '용모를 아름답게 꾸미는 것'을 무조건 반대하지 않았다. 즉 '용모를 아름답게 꾸미는 것'은 사람의 기본적인 욕망 중의 하나이기 때문이다.[13] 다만 그가 반대한 것은 그 욕망을 좇아서 오직 외형적인 문식文飾에만 치중하는 행동이다. 그의 "진실로 그 덕을 아름답게 여기기 때문에 그를 위하여 옥을 다듬어 조각하고 옷의 색깔과 문양을 정하여 꾸밈으로써

---

12 「非相」, "今世俗之亂君, 鄉曲之儇子, 莫不美麗姚冶, 奇衣婦飾, 血氣態度擬於女子, 婦人莫不願得以爲夫, 處女莫不願得以爲士, 棄其親家而欲奔之者, 比肩幷起. 然而中君羞以爲臣, 中父羞以爲子, 中兄羞以爲弟, 中人羞以爲友. 俄則束乎有司而戮乎大市, 莫不呼天啼哭, 苦傷其今而後悔其始. 是非容貌之患也, 聞見之不衆, (而)論議之卑爾."

13 「榮辱」, "人之情 … 衣欲有文繡."

덕을 기른다"[14]라는 말처럼, 용모를 아름답게 꾸미는 것은 내적 아름다움의 발현과 깊은 관계가 있다. 여기서 용모를 아름답게 꾸미며 덕을 기른다는 것은 '도덕의 유일한 기준이자 사람의 올바른 행위 규범이며 인성의 욕망을 절제하는 규범'[15]인 '예禮'의 범위를 벗어나지 않는다는 것을 의미한다. 즉 예를 따르면 사람의 용모는 모두 '예'에 합해서 아름답지만, '예'를 따르지 않으면 사람의 용모는 모두 '예'에 합해지지 않아서 아름답지 않다는 것이다.[16] 따라서 만약 세속의 사회질서를 어지럽히는 사람들(난민亂民)과 시골의 경박스러운 소년들이 비참한 최후를 맞는다면 이는 오로지 그들이 '예'를 따르지 않은 것에 대한 결과일 뿐이라는 것이다.

순자가 볼 때 사람됨의 최고 가치 근거는 앞서 보았듯이 '용모'(키의 장단, 몸집의 대소, 몸무게의 경중, 형상의 미추의 타고난 생김새나 화려한 옷과 장신구로 아름답게 꾸며진 외모)가 아니라 '인위人爲'(위僞,

---

14 「富國」, "誠美其德也, 故爲之雕琢刻鏤, 黼黻文章, 以藩飾之, 以養其德也."
15 「勸學」, "禮者法之大分, 類之綱紀也.";「修身篇」, "禮者所以正身也.";「王制篇」, "禮義者治之始也.";「議兵篇」, "禮者治辨之極也. 強國之本也.";「禮論」, "禮者人道之極也.";「大略」, "禮者人之所履也."
16 「修身」, "容貌態度進退趨行, 由禮則雅, 不由禮則夷固僻違, 庸衆而野."

후천적인 학습과 노력으로 사람에게 있는 것)이다. 이런 인위로 본성을 변화시켰는가의 여부가 군자의 길吉과 소인의 흉凶을 결정짓는 관건이다.[17] 물론 여기서의 길·흉은 오로지 도덕적 행위의 유무와 관계가 있을 뿐 관상의 길·흉과는 전혀 관계가 없다. 이에 그는 소인의 '흉'이 일어나는 것과 관련하여 사람들에게 일어나는 '세 가지 좋지 않은 행위'와 '세 가지 반드시 궁지에 몰리는 행위'를 전제하면서, 윗사람은 이 중에 몇 가지만 해도 자리가 위태롭고, 아랫사람은 이 중에 몇 가지만 해도 반드시 몸을 망친다고 주장한다.

하나는 사람이 스스로 행하는 좋지 않은 행위이다. 첫째는 연소하면서 연장자를 즐겨 모시려 하지 않는 것이다. 둘째는 신분이 낮으면서 높은 이를 즐겨 섬기려 하지 않는 것이다. 셋째는 못났으면서 어진 사람을 따르려 하지 않는 것이다.

또 하나는 사람이 자신을 궁지로 몰아가는 행위이다. 첫째는 윗사람이 되어 아랫사람을 사랑할 줄 모르고 아랫사람이 되어 윗사람에 대하여 헐뜯기만을 좋아하는 것이다. 둘째는 마주 대

---

17 「非相」, "君子之謂吉, 小人之謂凶."

면하여 종순從順하지 못하고 뒤돌아서서 깔보는 것이다. 셋째
는 지혜와 덕행이 천박하고 능력 정도가 남과 이미 거리가 먼
데도 어진 사람을 추대할 줄도 모르고 슬기로운 사람을 존경할
줄도 모르는 것이다.[18]

결국 순자는 용모가 결코 군자와 소인을 구분 짓는 표준이 될
수 없기에 용모로 사람들을 관찰하고 평가하여 그들의 사람됨
을 결정해 버리는 일은 결코 옳지 않다고 보았다. 그래서 그는
"학자가 장차 그들의 마음을 논의하고 그것들을 그들의 학문
과 비교해 볼 것인가, 아니면 다만 키의 장단과 생김새의 미추
를 판별하여 서로 비웃으며 즐길 것인가?"[19]라고 반문한다. 즉
학자가 자신의 모든 역량을 발휘해야 할 실질적인 일은 그들의
용모가 아니라 오로지 학문을 두루 넓히고 마음을 깊이 논의하
면서 올바른 방법을 선택하는 것이며, 이를 통해 그들은 사람
됨의 도리를 실천하는 것이다.[20]

---

18 「非相」, "人有三不祥. 幼而不肯事長, 賤而不肯事貴, 不肖而不肯事賢, ⋯ 人有三必窮, 爲上則
不能愛下, 爲下則好非其上, ⋯ 鄕則不若, 偝則謾之, ⋯ 智行淺薄, 曲直有以相縣矣, 然而仁人
不能推, 知士不能明, ⋯. 人有此(三)數行者, 以爲上則必危, 爲下則必滅."

19 「非相」, "從者將論志意, 比類文學邪. 直將差長短辨美惡, 而相欺傲邪."

20 「非相」, "故相形不如論心, 論心不如擇術. 形不勝心, 心不勝術. 術正而心順之, 則形相雖惡而心

3. 유자儒者의 인격을 분류하고 비평하다

순자가 활동하던 당시에는 유儒라는 옷으로 그럴듯하게 치장하여 무늬만 유자인 사람들이 많이 등장하였다. 그들의 등장은 한 개인과 한 집단, 그리고 사회 전반에 심각한 문제를 불러오기에 충분하였다. 이 문제의 해결을 위해 그는 「유효儒效」편을 지어 사람의 좋은 점과 나쁜 점을 판별하는 표준[21]으로 예禮를 두었다. 그리고 이에 근거하여 후천적으로 쌓은 학문·언행·지혜 등의 세 방면에서 속인俗人·속유俗儒·아유雅儒·대유大儒를 분류하고, 총론적으로 의지·행위·지혜 등의 세 방면에서 농부·장인·상인으로서 중인衆人, 제후의 대부와 선비로서 소유小儒, 천자의 삼공으로서 대유大儒를 분류하여[22] 그들의 인물됨을 하나하나 비평하였다. 여기서는 전자와 후자를 서로 대비하여 살펴볼 것이다.

術善, 無害爲君子也, 形相雖善而心術惡, 無害爲小人也."
21 「儒效」, "禮者, 人主之所以爲群臣寸尺尋丈檢式也. 人倫盡矣."
22 「儒效」, "大儒者, 天子三公也. 小儒者, 諸侯大夫也. 衆人者, 工農商賈也."

1) 속인과 중인

속인俗人은 학문을 구하고 묻는 것을 알지 못하고, 공정하고 의로운 행위가 무엇인지도 모르고, 오직 물질적인 욕망(부귀와 이익)만을 채우는 데 관심을 두는 부류이다.[23]

중인衆人은 의지가 비뚤어져 있어 사사로운 욕심에서 벗어나지 못했으면서도 다른 사람들이 자신을 공평하고 올바른 사람으로 봐 주기를 바라는 부류이다. 즉 그 행위가 더러우면서도 다른 사람들이 자기를 수신修身한 사람으로 봐 주기를 바라고, 그 지혜가 어리석고 아는 것이 없으면서도 다른 사람들이 자기를 영리하고 재주가 있는 사람으로 봐 주기를 바라는 부류이다.[24]

2) 속유와 소유

속유俗儒는 속이 텅 비어 있으면서도 오직 겉으로만 유자인 척하는 부류이다. 이들은 행동이 세속의 거짓 행위와 같은데도 미워할 줄 모르고, 언론과 담론이 묵자와 다르지 않는데도 무엇

---

23 「儒效」, "不學問, 無正義, 以富利爲隆, 是俗人者也."
24 「儒效」, "人論, 志不免於曲私, 而冀人之以己爲公也, 行不免於汙漫, 而冀人之以己爲脩也. 甚愚陋溝瞀, 而冀人之以己爲知也, 是衆人也."

이 문제인지를 분별할 능력이 없고, 학문이 도리에 어긋나 그릇된 학문으로 뒤섞여 있다. 그 결과 이들은 선왕先王의 법도를 대충 본받아 혹세무민惑世誣民하고, 그저 별생각 없이 자신의 이익을 앞세우고 세상의 유행에 휩쓸리면서 살아갈 뿐이다. 이 때문에 이들은 후왕後王을 본받아 제도를 통일할 줄도 모르고, 예의를 높여『시경』과『서경』을 돈독하게[隆禮義而殺詩書]25 할 줄도 모른다.26 이런 속유와 비슷한 부류에는 누유陋儒·산유散儒·부유腐儒·천유賤儒 등이 있다.

누유陋儒는 견문이 넓지 않아서(「修身」, "小見曰陋") 변변하지 못하고 융통성이 없는 유자이다. 이들은 오직 지엽적인 것에만 얽

---

25 순자의 관점에서『詩經』은 감정을 표현한 것이고,『書經』은 과거의 정사(政事)를 기록한 것이고,『禮』는 법규의 근본과 규칙의 대강이다. 인생의 관점에서 보면『詩經』과『書經』은 감정을 불러일으키지만 견고함이 없고, 역사적 사실의 관점에서 보면『詩經』과『書經』은 옛 것을 기록한 것이지만 현실에 적절하지 않다. 이 때문에 학문은 반드시 禮에 이르러서 그쳐야 한다는 것이다.(「勸學」, "故書者政事之紀也, 詩者中聲之所止也, 禮者法之大分, 類之綱紀也. 故學至乎禮而止矣. 夫是之謂道德之極, 禮之敬文也, 樂之中和也, 詩書之傳也, 春秋之微也, 在天地之間者畢矣. … 禮樂法而不說, 詩書故而不切, 春秋約而不速.")

26 「儒效」, "逢衣淺帶, 解果其冠, 略法先王而足亂世, 術繆學雜, 不知法後王而一制度, 不知隆禮義而殺詩書, 其衣冠行僞而同於世俗矣, 然而不知惡者, 其言議談說已無以異於墨子矣, 然而明不能別, 呼先王以欺愚者而求衣食焉, 得委積足以掩其口, 則揚揚如也, 隨其長子, 事其便辟, 擧其上客, 億然若終身之虜而不敢有他志, 是俗儒者也."

132

매여 전체를 인식하지 못한다. 그래서 이들은 스승을 좋아하지도 않고 '예'를 높이지도 않으며, 오직 잡다한 글을 배우고 『시경』과 『서경』의 글귀만을 외우고 따르는 부류이다.[27]

산유散儒는 다방면에서 아는 것이 많지만 자신의 생각을 한곳에 집중하지 못하는, 즉 그 아는 것을 하나로 꿰뚫는 능력이 없는 유자이다. 즉 이들은 사물의 고찰과 논변을 잘하기는 하나 결과적으로 '예'를 높이지 못하는 부류이다.[28]

부유腐儒는 말을 잘하지만 도리에 맞지 않는 간교한 말만 늘어놓는 진부한 유자이다. 이들은 덕망 있는 학자들과 친교가 있더라도 결코 그들과 담론하기를 좋아하지도 않고 즐기지도 않는다. 이들은 오직 자기의 실속만을 챙기기 좋아하고 그 문식(언설)을 돌아보지 않는 '어리석은 사람'(비부鄙夫)과 다른 것이 없다. 그래서 그들은 선왕의 가르침을 본받지도 않고 '예의'를 따르지도 않는다. 바로 순자가 『역易』의 "주머니를 묶으면(입을 다물고 침묵을 지키면) 허물도 없고 칭찬도 없을 것이다"라는 말을

---

27 「勸學」, "上不能好其人, 下不能隆禮, 安特將學雜識志, 順詩書而已耳. 則 末世窮年, 不免爲陋儒而已."

28 「勸學」, "不隆禮, 雖察辯散儒也."

인용하여 부유를 비판한 이유도 여기에 있다.[29]

천유賤儒는 세 부류로 나누어진다. 하나는 그 관을 눌러쓰고 하는 말이 거침없어 경박하지만 우임금처럼 걷고 순임금처럼 빠르게 걷는 자장씨子張氏의 천유이다. 또 하나는 그 의관을 바르게 하고 얼굴 표정을 단정히 하며 우쭐하여 하루 종일 말하지 않는 자하씨子夏氏의 천유이다. 그다음은 게을러서 일을 꺼리고 염치없이 마시고 먹기만을 즐기며 반드시 "군자는 본래 힘든 일을 하지 않는다"라고 말하는 자유씨子游氏의 천유이다.[30]

그런 속유의 문제는 학문이 예의를 알지 못하고 오직 『시경詩經』과 『서경書經』의 잡다함에만 머물렀다는 것이다. 즉 순자의 말대로 "예법을 따르지 않고 오직 『시경』과 『서경』만을 가지고 자신을 단속하는 것은 비유컨대 황하를 측량하고, 창끝으로 기장을 찧고, 송곳으로 항아리 속에 든 것을 찍어 먹으려는 것과

---

29 「非相」, "法先王, 順禮義, 黨學者, 然而不好言, 不樂言, 則必非誠士也. 故君子之於言也, 志好之, 行安之, 樂言之. 故君子必辯. 凡人莫不好言其所善, 而君子爲甚. 故贈人以言, 重於金石珠玉, 勸人以言, 美於黼黻文章, 聽人以言, 樂於鐘鼓琴瑟. 故君子之言無厭. 鄙夫反是, 好其實不恤其文, 是以終身不免埤汚庸俗. 故易曰, 括囊, 無咎無譽, 腐儒之謂也."

30 「非十二子」, "弟佗其冠, 神禫其辭, 禹行而舜趨, 是子張氏之賤儒也. 正其衣冠, 齊其顏色, 嗛然而終日不言, 是子夏氏之賤儒也. 偸儒憚事, 無廉恥而耆飮食, 必曰君子固不用力, 是子遊氏之賤儒也."

같이 불가능한 일이다."[31]

소유小儒는 속유와 비슷하지만 둘의 차이는 전자가 시류에 따라 유자인 척하면서 살아간다면, 후자는 그나마 후천적인 노력으로 어느 정도 유자로서의 품위를 지키며 살아간다는 데 있다. 소유는 의지가 사사로운 욕심을 억누른 뒤에야 비로소 공평하고 올바르게 될 수 있고, 행위가 본성을 억누른 뒤에야 비로소 바르게 할 수 있으며, 지혜가 있으나 언제나 남에게 즐겨 물어본 뒤에야 비로소 재능을 드러낼 수 있다. 결과적으로 이들은 공정하고 깨끗하며 재능을 가지고 있지만 통류에는 통달하지 못한 부류이다.[32]

3) 아유와 대유

아유雅儒는 후왕의 학문을 본받고 제도를 통일하고 예의를 높여 『시경』과 『서경』을 돈독하게 하며, 언행이 이미 법도에 거의 맞는 유자이다. 하지만 이들의 지혜는 그것들을 하나로 꿰뚫을

---

31 「勸學」, "不道禮憲, 以詩書爲之, 譬之猶以指測河也. 以戈舂黍也, 以錐飡壺也, 不可以得之矣. 故隆禮, 雖未明法士也, 不隆禮, 雖察辯散儒也."

32 「儒效」, "志忍私然後能公, 行忍情性然後能脩, 知而好問然後能才, 公脩而才, 可謂小儒矣."

수 없고, 그들의 식견은 법도와 교육이 미치지 못하는 곳이나 견문이 이르지 못하는 곳을 유추할 수 없다. 다만 이들은 아는 것을 안다고 하고 모르는 것을 모른다고 하며, 안으로 자신을 속이지 않고 밖으로 남을 속이지 않기 때문에 현명한 사람을 존중할 줄도 알고 법도를 두려워할 줄도 알며 감히 게으르거나 거드름을 피울 줄도 모른다.[33] 다만 아유는 지혜가 밝지 않아 통류를 알지 못하는 유자이다.

대유大儒는 후왕을 본받아 예의를 하나로 통괄하여 제도를 통일하는 유자이다. 지혜가 얕은 것으로 깊은 것을 알아보고 현재의 것으로 옛날의 것을 알아내며, 한 가지로 만 가지를 안다. 이 때문에 이들은 사물의 이치를 미루어 헤아릴 수 있으며 변화에 알맞게 대응해 나갈 수 있다.[34] 그래서 이들은 의지가 본래 공평하고 올바르며, 행위가 본래 깨끗이 닦여져 있으며, 지

---

33 「儒效」, "法後王, 一制度, 隆禮義而殺詩書, 其言行已有大法矣, 然而明不能齊法教之所不及, 聞見之所未至, 則知不能類也, 知之曰知之, 不知曰不知, 內不自以誣, 外不自以欺, 以是尊賢畏法而不敢怠傲, 是雅儒者也."

34 「儒效」, "法後王, 統禮義, 一制度, 以淺持博, 以今持古, 以一持萬, 苟仁義之類也, 雖在鳥獸之中, 若別白黑, 倚物怪變, 所未嘗聞也, 所未嘗見也, 卒然起一方, 則擧統類而應之, 無所儗㤾, 張法而度之, 則晻然若合符節, 是大儒者也."

혜가 '통류'에 통달한 부류이다.[35] 따라서 이들은 국가의 법도를 지켜 나라를 다스릴 수 있으며, 또 상황의 변화에 알맞게 대응하여 어지러운 세상을 구할 수 있는 유자이다.

순자는 그런 유자들의 인물됨에 대한 비평을 통해 국가가 어떤 인재를 등용해야 국가의 안정과 사람의 생존을 지킬 수 있는지에 주목하면서 임금에 의한 그들의 등용이 가져올 결과를 다음과 같이 예견한다. 즉 유자인 척하는 속유는 아주 큰 만승의 나라 정도가 되어야지 존속시킬 수 있고, 통류를 알지 못하는 아유는 천승의 나라 정도면 편하게 할 수 있으며, 통류에 통달한 대유는 나라의 규모가 작더라도 망하지 않고, 3년이 지나면 천하를 하나로 할 수 있다. 결과적으로 이런 대유가 만승의 나라에 등용되면 하루아침에 천하에 그 나라의 명성을 떨칠 수 있다는 것이다.[36]

결국 순자가 본 진정한 유자는 단지 선왕을 본받고 예의를 숭상하고, 신하의 직분을 지켜 임금을 받들며, 덕행과 식견이 탁

---

35 「儒效」, "志安公, 行安脩, 知通統類, 如是則可謂大儒矣."
36 「儒效」, "故人主用俗人, 則萬乘之國亡, 用俗儒, 則萬乘之國存, 用雅儒, 則千乘之國安, 用大儒, 則百裏之地久而後三年, 天下爲一, 諸侯爲臣, 用萬乘之國, 則擧錯而定, 一朝而伯."

월한 대유일 뿐이다. 즉 대유는 자신의 앞에 고달픈 삶이 펼쳐
지더라도 결코 사악한 방법으로 이익을 탐하는 행위를 하지 않
고 일을 공정하게 처리하며, 국가를 잘 다스리는 재능과 인품
이 훌륭한 사람이다.[37] 이런 유자가 조정에 있으면 "나라의 정
치가 훌륭하게 되고 낮은 자리에 있어도 사람들을 교화하여 풍
속을 아름답게 만들며, … 천하에 복종해 오지 않는 사람이 없
다. 이런 유자야말로 인류의 스승[人師]으로",[38] 공자와 자궁子弓
이 이에 해당된다는 것이다.[39] 따라서 그가 「유효儒效」에서 주공
周公을 대유의 효험과 업적을 드러낸 인물로, 공자와 자궁을 대
유의 도덕 인격을 성취한 인물로 규정한 근거는 여기에 있다고
할 수 있다.

---

37 「儒效」, "儒者法先王, 隆禮義, 謹乎臣子而致貴其上者也. … 雖窮困凍餧, 必不以邪道爲貪, 無
置錐之地, 而明於持社稷之大義. … 然而通乎財萬物養百姓之經紀."

38 「儒效」, "儒者在本朝則美政, 在下位則美俗. … 通達之屬, 莫不從服, 夫是之爲人師."

39 「儒效」, "大儒者, 善調一天下者也. … 非大儒莫之能立, 仲尼子弓是也."

7장
아름다움과 선함을 함께 말하다

1. 아름다움은 장식미裝飾美다

중국철학, 특히 선진시대의 철학에서 '아름다움'[美]¹의 논의는 '사람 세계와 독립해서 존재하는 아름다움의 객관적 법칙성'을

---

1 미(美, 羊+大)라는 글자는 본래 '제례 의식'과의 밀접한 연관 속에서 파생되었다. 즉 고대 중국인들은 양을 가장 신성한 동물로 여겨 제단에 올렸고 '양'이 크면 신의 은총을 받을 수 있고, 반면에 양이 작으면 신의 은총을 받을 수 없다고 보았다는 것이다. 여기서 은총을 받는다는 것은 다음 해에 농사 걱정 없이 기쁨과 행복이 가득한 한 해를 보낼 수 있다는 것이고, 은총을 받지 못했다는 것은 다음 해에 농사 걱정으로 괴롭고 불행한 한 해를 보낼 수 있다는 것이다. 따라서 마음이 기쁨으로 충만하면 아름답고 선한 것이고, 마음이 괴로움으로 충만하면 아름답지 않고 불선한 것이라 할 수 있다.[許愼, 『說文解字』(北京: 中華書局, 1992), 78쪽, "美, 甘也. 從羊從大. 美與善同意."]

찾는 데 있는 것이 아니라 사람의 현실적 삶의 행복을 추구하는 데 그 궁극 목표가 있다. 그래서 그것은 사람 본성에 대한 본질적 물음 내지 사람과 사람, 사람과 사회의 여러 가지 복잡다단한 문제의 해결을 위한 사회 실천적 측면에 그 의의를 두고 있다. 순자가 제출한 '아름다움'의 논의도 작은 틀에서 보면 공자와 맹자 등의 사상가들과 차이가 있겠지만,[2] 큰 틀에서 보면 위의 목표나 의의를 결코 벗어나지 않는다고 할 수 있다.

그럼 순자가 제출한 '아름다움'은 구체적으로 무엇을 의미하는가? 이제 이 문제는 다음의 두 가지 물음을 통해서 살펴볼 것이다. 첫째, "사람이 자연 사물을 보고 '아름답다'라고 하는 것은 무엇에 근거하는가?" 단적으로 말해, 그에게서 '아름다움'은 기본적으로 '사물의 고유한 특성'(자연 성질) 자체가 아니라 그 특

---

2 맹자가 제출한 '아름다움'은 사람의 본성 '안'에 있는 '인의(仁義)'를 드러낸 결과이다.(『孟子』, 「公孫醜下」, "豈以仁義爲不美也.") '아름답지 않음'은 외부의 영향으로 인하여 '인의'를 드러내지 못한 결과라고 할 수 있다. 그가 "일찍이 아름다웠던 우산(牛山)의 나무가 사람들의 도끼질로 인하여 그 아름다움을 잃어버렸다"(『孟子』, 「告子上」, "牛山之木, 嘗美矣. … 斧斤伐之, 可以爲美乎. … 亦猶斧斤之於木也, 旦旦而伐之, 可以爲美乎.")라고 말한 것이 그것이다. 반면에 순자의 아름다움은 후천적인 인위의 교화를 거친 아름다움이다. 이렇게 보면 순자에게서 인위는 아름다운 것이고, 아름다운 것은 선하다고 할 수 있다.

성에 사람의 의식이 반영된 결과이다. 혹자의 말을 빌리면, '아직 의식 형태가 작용하지 않은 것은 아름다움이 아니라 모두 아름다움의 조건일 뿐이고, 아름다움은 객관 방면의 어떤 사물의 성질과 형상이 주관 방면의 의식 형태와 한곳에 융합한, 하나의 완전한 형상의 어떤 특질이라는 것이다.'[3] 이에 따르면, 사람의 인식 작용을 통과하지 않은 '아름다움'이란 결코 존재하지 않는다. 예컨대, 우리가 "산림천속山林川俗의 아름다움", "난괴蘭槐의 아름다움", "금석金錫의 아름다움", "향미香味의 아름다움", "단안丹矸·증청曾靑 등 색채色彩의 아름다움", "낭간琅玕(비취)과 용자龍玆 등의 화려한(광화光華) 아름다움", "우핵羽翮·피혁皮革·문모文旄의 아름다움", "황금주옥黃金珠玉의 아름다움" 등을 말할 때, 이 '아름다움'은 모두 마음의 인식 작용을 통과하여 드러난 아름다움이라는 것이다. 왜냐하면 '산림천속', '난괴', '단안' 등은 아직 의식 형태가 작용하지 않은 아름다움의 조건이고, 그 '아름다움'은 마음이 그것들을 인식하여 외부로 온전하게 드러낸 것이기 때문이다.[4]

---

3   朱光潛, 「論自然美」, [伍蠡甫編, 『山水與美學』(臺北: 丹靑圖書有限公司, 1987)], 1-3쪽.

그렇게 보면 순자에게서 '아름다움'과 '아름답지 않음'의 구분은 일차적으로 외부 사물이 마음의 인식 작용을 통과했는가의 여부와 긴밀한 관계가 있다고 할 수 있다. 엄밀하게 말해 외부 사물이 마음의 징지徵知 작용, 즉 마음의 '판별과 실증을 통한 인식 작용'을 거쳤다면 그것은 아름다운 것이고, 거치지 않았다면 그것은 아름답지 않다는 것이다. 하지만 문제는 외부 사물이 마음의 인식 작용을 거쳤다고 해서 모두 '아름답다'라고 할 수 없다는 것이다. 왜냐하면 앞서 보았듯이 비록 마음이 그 주재적인 능력을 발휘하여 사물을 인식한다고 하더라도 그 인식 작용을 신뢰할 수 없기 때문이다. 그러한 마음은 반드시 '폐단'[蔽], 즉 하나에 갇혀서 전체를 인식하지 못하는 상황에 처할 수 있다는 것이다. 그리하여 마음이 신뢰를 얻으려면 그것은 앞서 언급했듯 반드시 '텅 비우는'·'하나로 하는'·'고요하게 하는' 마음공부를 통해서 대청명한 마음을 확보하고, 이를 통해 고금의 표준인 '도'를 인식해야 한다. 이런 때에 마음은 사물을 온전하게 인식하여 '아름다움'을 드러낼 수 있는 것이다.

---

4 「解蔽」, "凡觀物有疑, 中心不定則外物不淸, 吾慮不淸則未可定然否也."

이와 같이 순자에게서 사물의 '아름다움'은 '대청명한 마음'의 인식 작용을 벗어나서 결코 드러날 수가 없다. 여기서 우리는 한 가지 고민에 빠진다. 왜냐하면 그는 역설적이게도 마음이 평온하고 즐거우면 만물의 아름다움이 없더라도 충분히 즐거움을 기를 수 있다고 강조하기 때문이다. 예컨대, 색채가 완벽한 데 이르지 못할지라도 충분히 눈을 기를 수 있고, 음악 소리가 완벽한 데 이르지 못할지라도 충분히 귀를 기를 수 있고, 거친 밥·채소·국물로도 충분히 입을 기를 수 있고, 발이 굵은 베옷과 미투리로도 충분히 몸을 기를 수 있고, 옹색한 방에 갈대발·짚 멍석·궤연機筵을 더하더라도 충분히 일신을 기를 수 있다는 것이다.[5] 결론적으로 말하면, 이는 아무리 추하고 볼품없는 것이라 하더라도 그것이 대청명한 마음의 인식 작용을 통해서 온전히 드러났다면 아름다운 것이고, 그렇지 않다면 아름답지 않은 것을 의미한다고 할 수 있다.

둘째, "사람에 의해 만들어진 사물(물건)을 보고 '아름답다'라

---

5 「正名」, "心平愉, 則色不及傭而可以養目, 聲不及傭而可以養耳, 蔬食菜羹而可以養口, 粗布之衣·麤紃之履而可以養體, 局室盧庾·葭稿蓐·尙機筵而可以養形, 故無萬物之美而可以養樂."

고 하는 것은 무엇에 근거하는가?" 앞서 보았듯이 순자에게서 '아름다움'은 사물 자체에 있는 것이 아니라 마음의 인식 작용에 의해 발현된 것이다. 그렇다면 사람의 정교한 기술에 의해 만들어진 사물의 '아름다움'은 마음의 인식 작용을 통하여 사물에 후천적인 장식을 가했을 때 드러난 아름다움이라고 할 수 있다. 즉 그 '아름다움'은 사물 자체의 '아름다움'이 아니라 사람에 의해 후천적으로 장식된 '아름다움'이라는 것이다.[6] 즉 사람들은 '금옥의 화려한 문양'[雕琢刻鏤]과 '의복의 화려한 문채'[黼黻文章] 등을 '아름답다'라고 하는데, 그 '아름다움'은 사람들의 후천적 장식을 거쳤기에 가능한 것이다.[7] 예컨대, 만약 한 광부가 어느 날 산에서 아주 큰 원석을 캐냈다고 하자. 처음에 그가 그것을 전혀 가공하지 않은 상태로 시중에 내놓았다면 그것은 큰 가격을 받지 못할 것이다. 하지만 한 장인이 그 자신의 숙련된 기술로 그것을 잘 가공하여 아름다운 광채를 드러냈다면 그것은 아주 큰 가격을 받을 것이다. 이렇듯이 원석은 장인

---

6 「富國」, "萬物同宇而異體, 無宜而有用爲人, 數也."
7 「富國」, "誠美其德也, 故爲之雕琢刻鏤, 黼黻文章, 以藩飾之, 以養其德也."

의 '장식'을 거친 뒤에야 아름다운 보석으로 거듭날 수 있는 것이다.

그런데 장인의 '장식' 능력은 장인에게 처음부터 있었던 것이 아니라 오랫동안의 학습과 노력에 의해서 생긴 것이고, 그 '아름다움'은 이로부터 드러난 것이다. 즉 사물의 '아름다움'은 반드시 사람의 인위적 노력(爲僞)을 거쳐야만 한다는 것이다. 여기서 순자의 표현을 빌리자면, 금옥과 의복의 아름다움은 금옥과 의복에 대한 문식(文=장식)을 통하여 그것들이 실질(實=아름다움)에 도달했음을 의미한다.[8] 여기서 '실질'에 도달했다는 것은 그 '장식'된 금옥과 의복이 사회의 공통 표준에 들어맞았다는 것을 의미한다. 물론 그 공통 표준이란 다름 아닌 '예禮'이다. 따라서 '문식이 실질에 도달했다'는 것은 바로 어떤 사물이 '예'의 범위 안에서 장식되었음을 의미하며, 이에 그 장식된 것이 '예'의 범위에 있으면 '아름다운'[美] 것이고, '예'의 범위를 벗어나면 '아름답지 않은'[不美] 것이다. 따라서 장식된 겉모양과 마음속의 성실한 쓰임은 서로 안팎이 되고 표리 관계를 이루는 것

---

8 「非相」, "文以致實 … 是君子之辯也."

이다.[9]

　정리하여, 순자에게서 그런 '예'에 근거한 '문식'과 '실질'의 통일이 '아름다움'의 본질적 모습이라면, 즉 그의 '아름다움'이 '예'의 범위를 벗어나지 않는 것이라면, 이때 '아름다움'은 그의 말대로 "군자는 완전하지 않고 순수하지 않은 것을 아름답다고 여길 수 없음을 안다"[10]라는 '완전하고[全] 순수한[粹] 아름다움'이다. 여기서 '순수함'은 내용으로의 '순수함'을 가리키고, '완전함'은 이미 내용과 형식을 하나로 통일한 '완전함'을 가리킨다. 따라서 이런 완전한 아름다움을 다하고[盡其美], 위로는 현량들을 장식하고, 아래로는 백성들을 길러 모두 안락하는 것[致其用]이야말로[11] 그가 주장하고자 한 '아름다움'의 궁극 목표였다고 할 수 있다.

　결국 순자의 '아름다움'에 대한 관점은 사물에 대한 감상의

9　「大略」, "文貌情用, 相爲內外表裏."

10　「勸學」, "君子知夫不全不粹之不足以爲美也." 이택후는 이 말이 "선의 함의 및 인격 정신의 미적 의의를 가지고 있다"라고 말한다.[李澤厚, 劉綱紀主編, 『中國美學史』(權德周, 金勝心 共譯, 서울: 대한교과서, 1992), 394쪽.]

11　「王制」, "故天之所覆, 地之所載, 莫不盡其美, 致其用, 上以飾賢良, 下以養百姓而安樂之. 夫是之謂天神."

수준을 넘어 사람들의 삶을 향상시키는 데 궁극 목적을 두고 서[12] 사람의 본질과 사람과 사람의 관계, 그리고 사람과 사회의 관계를 이해하는 데 아주 중요한 근거가 된다고 할 수 있다.

2. 음악의 중화미中和美를 구현하다

순자는 음악의 기본 속성이 '즐거움'이고, 인정人情으로 면할 수 없다는 점에서 어느 누구도 이런 '즐거움'이 없을 수 없다고 주장한다. 물론 그 '즐거움'은 방탕한 데로 흘러가게 내버려 두어서는 안 된다. 왜냐하면 그 '즐거움'은 사람의 이기적 욕망을 채우는 중에 드러나는 '감각적 즐거움'이 아니라 '도'나 '예'의 범위 안에서 드러나는 '실천적 즐거움'이기 때문이다.[13] 즉 그의 "도로 욕심을 절제하면 즐거워서 어지럽지 않고, 욕심으로 도를 잊어버리면 의혹 되어서 즐겁지가 않는다"[14]가 그것이다.

---

12 「富國」, "知夫爲人主上者, 不美不飾之不足以一民也."

13 「樂論」, "夫樂者, 樂也, 人情之所必不免也, 故人不能無樂. … 故人不能不樂, 樂則不能無形, 形而不爲道則不能無亂."

14 「樂論」, "以道制欲, 則樂而不亂, 以欲忘道, 則惑而不樂."

그런데 순자에 의하면 "도로 욕심을 절제하는" 속에서 드러나는 사람의 '즐거움'은 한편으로 일정하게 소리[聽音]에 흘러가는 중에 동작[動靜]에서 표현되며, 사람들의 기본적인 도리와 소리·동작·감정의 변화도 모두 음악 중에서 표현된다.[15] 그래서 음악의 본질은 정감의 전달과 표현으로 소리와 동작을 통과한 동태動態 과정의 표현이라는 것이다. 이런 과정을 거쳐서 나온 '음악'은 "중간 음을 살펴서 조화를 정하고, 여러 악기를 배합해서 리듬[節奏]을 잘 장식하고, 리듬을 합해서 문리를 이룬다. 여기서 음악은 사람 세상의 도리를 이끌기에 충분하고, 사람들의 각종 감정 변화를 다스리기에 충분하다."[16] 즉 음악의 목적은 단순히 장단을 맞추거나 악기를 연주하는 것에서 그치는 것이 아니라 사람들의 선한 마음을 감동시켜 사악하고 방탕한 곳으로 흘러가지 않도록 하는 데 있다.[17] 따라서 임금이 그런 '음악'을 잘 활용하면 백성들의 교화나 천하의 다스림에는 결코 문제

---

15 「樂論」, "樂則必發於聲音, 形於動靜, 而人之道, 聲音動靜性術之變盡是矣."

16 「樂論」, "故樂者, 審一以定和者也, 比物以飾節者也, 合奏以成文者也. 足以率一道, 足以治萬變. 是先王立樂之術也."

17 「樂論」, "先王惡其亂也, 故制雅頌之聲以道之, 使其聲足以樂而不流, 使其文足以辨而不諰, 使其曲直繁省廉肉節奏, 足以感動人之善心, 使夫邪污之氣無由得接焉. 是先王立樂之方也."

가 없다고 할 수 있다.

  그러면 순자가 강조한 음악의 그런 효과는 무엇에 의해서 드
러나는가? 이는 바로 음악의 "조화"[18]를 의미하는 "중화中和"[19] 작
용으로 나타난다. 이 '중화 작용'은 공자의 "즐겁되 지나치지 않
게 하고, 슬프되 마음을 상하게 하지 않는다"(『論語』, 「八佾」, "樂而不
淫, 哀而不傷")라는 '중용中庸'을 계승·발전시킨 결과라 할 수 있다.
그 작용은 사람의 '정감을 통하여 조화 작용을 일으키는 것이
며, 또한 이런 정감의 조화로 도달한 예술의 효과를 말한다.'[20]
이런 '중화'에 바탕을 둔 음악은 "사람의 감정에 깊이 들어가고
그 감화시키는 힘이 아주 빠르다. 그러므로 선왕이 문식을 신
중하게 한 것이니, 음악이 조화되고 평온하면 백성이 화락하되
질탕한 데 흐르지 아니하며, 음악이 장중하면 백성이 정직하여
어지럽지 않는다"[21]라는 것이다. 즉 음악은 각종 상이한 것, 즉

---

18 「臣道」, "恭敬, 禮也. 調和, 樂也."

19 「勸學」, "樂之中和也.";「樂論篇」, "故樂者, 天下之大齊也, 中和之紀也, 人情之所必不免也.";
「儒效」, "樂言是其和也."

20 楊安崑, 程俊, 『先秦美學思想史略』(北京: 樂崑書社, 1992), 120쪽.

21 「樂論」, "夫聲樂之入人也深, 其化人也速, 故先王謹爲之文. 樂中平則民和而不流, 樂肅莊則民
齊而不亂. 民和齊則兵勁城固, 敵國不敢嬰也."

대립되는 것을 대립되지 않게 배합하여 중심[中]에 맞게 하고 조화롭게[和] 하는 역할을 한다. 예컨대, "음악은 종묘에서 군신 상하가 같이 들으면 화경和敬하지 않음이 없고, 가정에서 부자 형제가 같이 들으면 화친和親하지 않음이 없고, 동리 문중에서 어른 아이가 같이 들으면 화순和順하지 않음이 없다"[22]라는 것이다. 따라서 그에게서 '중화'에 바탕을 둔 음악은 자연 중의 조화 이외에 사람 상호 간의 조화와 경제·사회생활의 조화까지도 지향한다고 할 수 있다.

결국 순자가 강조한 '음악'은 단순히 듣기만 하는 감상적 차원이 아니라 마음을 안정시키는 '실천적 차원'에서 사람 상호 간의 새로운 통일 의식을 발현하기 위한 전환점이 된다. 즉 그것의 효용은 개인의 인격 수양 이외에 정치·사회의 교화에 그 의의가 있다.[23] 이런 점에서 음악은 백성들의 마음을 가장 잘 화합시킬 수 있는 최대의 형태이자 '아름다움'의 최대 결정체라 할 수 있다.

---

22 「樂論」, "故樂在宗廟之中, 君臣上下同聽之, 則莫不和敬, 閨門之內, 父子兄弟同聽之, 則莫不和親, 鄕裏族長之中, 長少同聽之, 則莫不和順."

23 徐復觀, 같은 책, 51쪽.

3. 음악과 예禮의 조화를 지향하다

앞서 보았듯이 순자가 제출한 '예'는 사람의 '만족을 모르는 욕망'을 제한하고 제어하고 조절하기 위한 목적에서 등장하였다. 또한, 그에게서 '욕망'은 본질상 사람이면 누구나 태어날 때부터 가지고 있는 것이고 기대하지 않아도 얻을 수 있는 것으로,[24] 지위가 낮든 높든 간에 어떤 사람도 결코 욕망을 없앨 수가 없다. 왜냐하면 '맛있는 고기를 먹고 싶어 하고, 아름다운 비단을 입고 싶어 하고, 수레를 타고 싶어 하고, 부자가 되고 싶어 하는'[25] 것은 사람이면 누구나 가지고 있는 공통적 경향성이기 때문이다. 또 '욕망'은 속성상 가득 채우려고 해도 채워지지 않는 것으로, 돈이 많든 권력이 강하든 간에 어떤 사람도 결코 자신이 욕망하는 것을 모두 채울 수가 없다는 것이다. 따라서 그에게서 '욕망'은 오로지 사람이 죽을 때까지 짊어지고 갈 운명과 같은 존재일 뿐이다.

---

24 「禮論」, "人生而有欲." 및 "欲不待可得, 所受乎天也."
25 「榮辱」, "人之情, 食欲有芻豢, 衣欲有文繡, 行欲有輿馬, 又欲夫餘蓄積之富也."

그런데 여기서 반드시 고려되어야 할 것은 다름 아닌 사람의 욕망이 '예'의 강제적인 성격에 의해서 단숨에 제거되면 사람의 내부에서는 어떤 강한 반발심이 일어나서 그것과 끊임없는 갈등과 충돌을 일으킬 수도 있다는 것이다. 이때에 순자가 선택한 방법은 우선 사람이 태어날 때부터 가지고 있는 '욕망'을 모두 없애는 것이 아니라 '예'로 어느 정도 길러 주는 것이다.[26] 즉 사람의 욕망이 일정한 범위를 넘어서지 않게 '예'로 잘 단속해 나가는 것이다. 다시 말해 '예'로 어느 정도 욕망을 길러 준 뒤에 욕망이 잘못된 곳으로 흘러가지 않게 잘 순화시키고 잘 가꾸어 줄 때에 아름다움이 발현된다는 것이다. 즉 "예는 바로 긴 것을 끊어 짧은 것을 늘리고 넉넉한 것을 덜어 부족한 것을 보태어 주어서 슬픔과 공경하는 절차를 빛나게 하여 도리의 아름다움[美]을 이루게 된다"[27]라는 것이다. 이것이 "도로 욕심을 절제하면 즐거워서 어지럽지 않다"라는 의미이다.

---

26 「禮論」, "故禮者, 養也. 芻豢稻粱, 五味調香, 所以養口也, 椒蘭芬苾, 所以養鼻也. 彫琢刻鏤黼黻文章, 所以養目也, 鐘鼓管磬琴瑟竽笙, 所以養耳也. 疏房檖貌越席牀第几筵, 所以養體也. 故禮者, 養也."

27 「禮論」, "禮者, 斷長續短, 損有餘, 益不足, 達哀敬之文而滋成行義之美者也."

그런데 문제의 핵심은 그런 결과가 오직 '예' 자체만으로 이루어진 것이 아니라 '예'의 강박성을 완화해 주는 '음악'과의 상호 조화를 통해서 가능하다는 것이다.[28] 순자의 말대로 음악은 사람을 "근본과 변화를 끝까지 다한 경계"[29]에까지 인도해서 한순간 사람이 거기에 머물 수 있게 해 주기 때문이다. 즉 사람은 음악을 통해서 자신을 잊고, 사물과 정감을 통하고, 안과 밖을 합하여 혈기를 화평하게 하고 생기를 유창流暢하게 함으로써 자신의 덕성을 잘 함양할 수 있다는 것이다.[30]

그래서 사람은 욕망을 오직 외적인 '예'의 강제력에만 맡겨서는 안 되고, 내적인 음악의 효용을 통하여 욕망을 잘 순화해서 자연스럽게 '예'와 상호 배합하여 유효한 작용을 일으켜야 한다.[31] '음악'이 '예'와 조화되지 않으면 그것은 사람을 자극하는 오락적이고 감각적인 음악의 형태를 벗어날 수밖에 없는 것이다. 또한 '예'가 '음악'과 조화되지 않으면 예는 그것의 엄격하고

---

28 「大略」, "仁義禮樂, 其致一也."

29 「樂論」, "窮本極變, 樂之情也."

30 唐君毅, 『人文精神之重建』(香港: 新亞研究所出版, 1992), 57쪽.

31 徐復觀, 같은 책, 51쪽.

강압적인 성격으로 인하여 어느 누구도 가까이하려 들지 않는 다는 것이다.

이에 순자는 천하의 안정과 교화를 위하여 '예'를 통한 정치 상의 직접적인 교화[隆禮] 이외에 '음악'을 통한 사회 정치상의 간 접적인 교화의 기틀을 마련하였다. 사람은 인문의 표준이자 총 화인 '예'[32]와 '중화'에 바탕을 둔 '음악'의 긴밀한 상호작용을 통 하여 '아름다움'의 극치에 도달할 수 있다. 그 극치의 세계는 "음악을 울리면 뜻이 깨끗해지고, 예를 닦으면 행실이 단정해 지고 이목이 총명하고 혈기가 화평하며 풍속을 교화하여 천하 가 다 평안하고 아름다움과 선함이 서로 즐기는[美善相樂]"[33] 경지 의 세계이다. 이 경지야말로 강함과 부드러움의 조화를 의미한 다는 점에서 그가 지향하는 '아름다움'의 중심이자 최대 극치라 고 할 수 있다.

---

32 「禮論」, "禮者人道之極也."; 「大略」, "禮者人之所履也."
33 「樂論」, "故樂行而志淸, 禮脩而行成, 耳目聰明, 血氣和平, 移風易俗, 天下皆寧, 美善相樂."

8장
천하 통일의 원칙과 근본을 구상하다

1. 천하의 혼란한 시대를 목도하다

춘추시대를 거쳐 전국시대 초기에 오면 주나라의 봉건제도가 완전히 붕괴되는데, 이 붕괴는 사회의 전 영역에 엄청난 대변혁을 가져왔다. 이는 결과적으로 제후들의 정치적 입지와 제후국들 간의 정치 판도를 바꾸는 아주 중대한 사건으로 귀결되었다. 특히 사회 생산 활동의 급격한 변화와 계급 관계의 변동에 따라서 제후국들은 모두 겸병兼併 전쟁에서의 승리를 위해 인재를 모집하고 변법을 통한 부국강병富國强兵에 자국의 모든 역량을 집중시켰다. 이런 추세 속에서 새로운 통일 국가를 열

망하고 그것을 실현하고자 하는 사람들의 등장은 당연한 결과
였다.

천하 통일에 대한 열망은 전국시대 말기에 와서 더욱더 고조
되었다. 특히 순자는 전국 말기라는 극심히 혼란한 현실에서
하루라도 빨리 벗어나는 방법은 천하의 정치적·경제적 안정을
실현하는 길밖에 없다고 보았다. 그 당시는 정치적으로는 제후
들의 천하 패권을 위한 피비린내 나는 전쟁의 악순환으로 인하
여 일관성 있는 정치 정책이 실행될 수 없었으며, 경제적으로
는 그들의 '부국강병'을 위한 가혹한 세금 수탈로 인하여 계획
성 있는 경제 정책이 전개될 수 없었기 때문이다.

그 속에서 백성들은 더 이상 앞날에 대한 어떠한 희망도 가질
수 없었지만, 그럼에도 한편에서는 새 시대의 도래를 예고하는
새 기운이 서서히 그 조짐을 드러내기 시작하였다. 즉 사상 영
역에서는 '자기 학파의 주요 전통을 기초로 하여 다른 학파의
단점을 반박하거나 논쟁하는 동시에 장점을 흡수하거나 융합
하는 새로운 사상 체계가 출현하였고',[1] 정치 영역에서는 통일

---

[1] 趙靖 主編, 『中國經濟思想史(1)』(北京: 北京大學出版社, 1991), 319~320쪽.

세계로의 지향을 위한 새로운 건립 이념이 등장하였으며, 경제 영역에서는 현실적인 사회 생산물을 마련하여 사회적 부富의 균형을 이루기 위한 새로운 경제 논리가 등장하였다는 것이다.

순자는 그런 시대의 큰 변혁 속에서 '천하 통일'을 사람이 본성적으로 함께 바라는 것²인 동시에 역사 발전의 필연적 추세로 인식하였다. 그래서 그는 백성이 오직 천하 패권에 혈안이 된 무리들에 의하여 하나의 도구 내지 수단으로 전락하는 불합리하고 모순된 상황을 벗어나서 보다 안정되고 평화로운 세계를 실현하려면 먼저 그 당시의 정치권력이 분산된 현실 상황을 강력한 중심력으로 통일시키는 길밖에 없다고 보았다.³

그런데 그 당시 순자는 천하의 통일이 그렇게 쉽게 달성될 수 없다는 것을 충분히 인지하고 있었다. 왜냐하면 그의 말대로 천하를 다스리는 것은 지극히 중대하고[至重], 천하의 일은 지극히 광대하며[至大], 천하의 사람은 지극히 많기[至衆] 때문이었다. 그래서 그는 결코 소인小人·소도小道·소력小力으로 천하를 통일

---

2 「王霸」, "臣使諸侯, 一天下, 是又人情之所同欲也, 而天下之禮制如是者也." 및 "夫貴爲天子, 富有天下, 名爲聖王, 兼制人, 人莫得而制也, 是人情之所同欲也, 而王者兼而有是者也."
3 「成相」, "曷謂賢. 明君臣, 上能尊主愛下民. 主誠聽之, 天下爲一海內賓."

할 수 없고, 반드시 세 가지 지극한 것을 갖춘 사람만이 천하 통일을 할 수 있으며, 나아가 그런 사람이 천하를 올바르게 다스릴 수 있다고 강조한다. 그 세 가지 지극한 것은 '지극히 강함'[至彊]·'지극한 분별력'[至辨]·'지극히 명철함'[至明]이고, 이 모두를 갖춘 사람이 성인이라는 것이다.[4] 이 때문에 그는 천하 통일이란 백성들의 이로움을 자신의 이로움으로 삼는 성인, 그리고 백성들의 사랑을 교묘히 이용하는 위정자의 이기적 야욕에 의해서가 아니라 반드시 백성들에 대한 끊임없는 사랑과 그들이 나아갈 지표를 올바르게 제시해 주는 성인, 즉 성왕聖王에 의해서 실현될 수 있다고 보았던 것이다.[5]

결국 순자가 내세운 천하 통일은 '부국강병'을 위한 '힘'의 논리가 아니라 민심民心의 귀복을 위한 '덕행', 즉 백성들에 대한 임금의 도덕적 '실천 의지'로 실현하는 것이었다.[6] 그래서 진

---

4 「正論」, "天下者, 至重也, 非至彊莫之能任, 至大也, 非至辨莫之能分, 至衆也, 非至明莫之能和. 此三至者, 非聖人莫之能盡. 故非聖人莫之能王. … 天下者, 大具也, 不可以小人有也, 不可以小道得也, 不可以力持也. … 天下者, 至大也, 非聖人莫之能有也."

5 「富國」, "利而不利也, 愛而不用也者, 取天下矣.";「榮辱」, "夫天生蒸民, 有所以取之. 志意致修, 德行致厚, 智慮致明, 是天子之所以取天下也. 政令法, 擧措時, 聽斷公, 上則能順天子之命, 下則能保百姓, 是諸候之所以取國家也."

6 「王制」, "衛弱禁暴, 而無兼幷之心, 則諸侯親之矣."

정한 천하 통일은 임금 자신의 이기적 목적을 위하여 백성을
이용하지 않고, 백성에 대한 깊은 사랑을 통하여 그들의 나아
갈 지표를 올바르게 제시할 때에 진정으로 실현될 수 있는 것
이다.[7] 이런 시대를 꿰뚫는 깊은 통찰력과 백성에 대한 깊은
사랑에서 나온 것이 그의 '천하 통일론'[壹天下]의 핵심이라 할 수
있다.

2. 천하 통일의 원칙은 덕德이다

1) 천하를 덕으로 겸병해라(겸병론兼併論)

순자가 제출한 '천하'는 분산된 제후국들의 집합으로 그 이상
적 당위론을 철저하게 배제한 현실 영역이었고,[8] 주나라의 지
배 질서로부터 분해되어 나와 독자적인 국가 체제를 형성하고
있던 전국 제후국의 존재 장소였다. 그래서 그가 지향한 이상
적 정치 질서는 정치권력이 분산된 상황을 극복하고 강력한 중

---

7 「富國」, "利而不利也, 愛而不用也者, 取天下者也."
8 「王霸」, "欲得善取, 及速致遠, 則莫若王良造父矣, 欲得調壹天下, 制秦楚."

심력으로 여러 국가를 하나의 국가로 통일시켜 진정한 의미의 천하를 출현시키는 것이었다. 물론 그가 그 이후에 거대한 통일 제국을 이룬 진시황의 진나라처럼 강력한 전제적 통치 체제를 갖춘 통일 국가를 이상적 모델로 삼은 것은 결코 아니었다. 순자가 채택한 천하 통일의 방법은 결코 '힘'이나 '부'에 의한 통일이 아니라 '덕'에 의한 통일이었다.[9] 왜냐하면 '옛날부터 지금까지 변함없이 덕으로 타국을 겸병하는 사람은 임금이 되고, 힘으로 타국을 겸병하는 사람은 약자가 되고, 부로 타국을 겸병하면 가난하게 되기 때문이다.'[10]

(1) 덕德으로 천하를 겸병해라

순자에 의하면 덕으로 겸병할 때 백성들이 따르는 것은 그들이 진심으로 그 임금의 명성이나 덕행을 사모하고 찬미하여 그 임금의 백성이 되기를 원하기 때문이다. 그래서 그들은 문을 열고 사람들을 맞아들이고, 고유한 풍습에 의거하고, 거주하

---

9 「議兵」, "凡兼人者有三術, 有以德兼人者, 有以力兼人者, 有以富兼人者."
10 「議兵」, "故曰, 以德兼人者王, 以力兼人者弱, 以富兼人者貧. 古今一也."

는 곳을 바꾸지 않으며, 나아가 법률과 정령政令에 순종하지 않는 것이 없다는 것이다. 이런 '덕'으로 천하를 겸병하여 땅을 얻으면 권세는 더욱 무거워지고, 타국을 겸병하면 군사력은 더욱 강해지게 된다.[11]

'덕'에 의한 천하의 겸병은 순자가 제출한 '겸병론'의 핵심 근거로, "각 영역에 관통하는 예의의 간칭"[12]인 '의義'(사회적 정의)를 세우는 것이며, 그래야만 임금이 임금다움을 유지할 수 있다는 것이다.[13] 그래서 임금이 '의'에 근거하여 현실적으로 백성의 정치적·경제적 측면을 고려하고 모두가 함께하는 정치 이상을 실현해 나간다면 백성은 그 과정에서 궁극적으로 자신의 본성을 해치지 않고, 서로 간에 팽배해진 긴장감을 최대한 풀게 되며, 또한 임금은 사회와 국가의 안정뿐만 아니라 천하 통일도 달성할 수 있다고 할 수 있다.

---

11 「議兵」, "彼貴我名聲, 美我德行, 欲爲我民, 故辟門除塗, 以迎吾入, 因其民, 襲其處, 而百姓皆安, 立法施令莫不順比, 是故得地而權彌重, 兼人而兵兪強, 是以德兼人者也."
12 周群振, 같은 책, 184쪽.
13 「王霸」, "…致忠信, 著仁義, 足以竭人矣." 및 "以國齊義, 一日而白, … 是所謂義立而王也."; 「儒效」, "此君義信乎人矣, 通於四海, 則天下應之如讙."

(2) 힘으로 천하를 겸병할 수 없다

순자에 의하면 힘으로 겸병할 때 백성이 따르는 것은 그 임금의 명성이나 덕행을 사모하고 찬미해서가 아니라, 겉으로 그위엄과 세력을 두려워하고 겁을 먹었기 때문이다. 백성이 이탈하는 마음이 있어도 배반하려는 생각을 갖지 못하는 것도 모두여기에 있다.[14] 이는 역사적으로 진나라의 경우에서 충분히 알수 있다. 진나라는 법가의 이념, 즉 사람의 '내재적 측면'이 아니라 오직 '외재적 측면'에만 집중하여 적극적으로 자신들의 정치 역량을 강화해 나갔다. 그 이념은 사람들 개개인이 가지고있는 내재적 덕성이 아니라 사람과 사람의 외적 관계를 중시하는 외재적 토대 위에서 진행되었다.

그러한 결과는 아마도 사람의 본성이 외재적인 정치 제도에의해서 바뀔 수 있다는 법가적 신념에 근거한 것으로 보인다. 진나라가 국가의 통치 기반 확립을 지상의 최대 목표로 삼았고, 강력한 힘으로 백성들을 복종하게 만들었고, 또한 천하의

---

14 「王覇」, "非貴我名聲也, 非美我德行也, 彼畏我威, 劫我勢, 故民雖有離心, 不敢有畔慮, 若是則戎甲愈衆, 奉養必費, 是故得地而權彌輕, 兼人而兵愈弱, 是以力兼人者也."

영토를 병합해 나갔던 이유도 여기에 있다. 그래서 순자는 이런 '힘에 의한 통일'이란 "어느 때나 떨면서 천하의 여러 나라들이 합세해서 압박해 오지나 않을까 하는 근심을 할 수밖에 없기 때문에"[15] 통하지 못하고 막힐 수밖에 없다고 강조한다. 결과적으로 그가 볼 때 힘에 의한 겸병이란 오로지 군사력의 중강을 위한 비용 투자로 인하여 국력 약화를 가져올 수밖에 없고, 급기야 국력의 쇠잔으로 이어질 수밖에 없으며, 급기야 백성의 삶을 도탄에 빠뜨릴 뿐이다.

(3) 부富로 천하를 겸병할 수 없다

순자에 의하면 '부'로 겸병할 때 백성들이 따르는 것은 진심으로 임금의 명성이나 덕행을 사모하고 찬미해서가 아니라 가난과 굶주림을 면하려고 하기 때문이다. 그래서 그는 임금이 그들을 믿기 위해서는 국가 경제력의 소진을 감행하지 않으면 안 된다고 주장한다. 즉 '부'로 천하를 겸병하여 땅을 얻으면 권세는 더욱 가벼워지고, 타국을 겸병하면 국가는 점점 가난해질

---

15 「議兵」, "諰諰然常恐天下之一合而軋己也."

수밖에 없다는 것이다.[16]

순자가 볼 때 천하 통일을 위한 위정자의 진정한 임무는 자국뿐만 아니라 타국의 가난한 백성들에게도 경제적 지원을 하여 그들의 삶을 안정시키는 것이다. 하지만 위정자가 그 목표를 오직 자신의 권력 강화 내지 확장에 두고 계속해서 경제적 지원만을 고집한다면, 그는 그것으로 일시적이나마 자국과 타국 백성들의 지지를 이끌어 낼 수 있을지는 몰라도 결과적으로 왕권의 약화와 자국의 경제 위기라는 큰 위험에 직면하게 될 수밖에 없을 것이다.

그런 점에서 순자가 볼 때 천하 통일이란 단순히 임금 자신의 정치적 야욕을 충족시키기 위해서 재물로 백성들의 환심을 사는 등의 행위가 아니다. 그것은 궁극적으로 그 자신의 '덕행'에 근거하여 모든 사람들의 공동된 삶을 향상시키는 행위에 집중될 때 실현될 수 있다. 즉 '부'는 사람의 삶의 가치를 결정짓는 최대 요건이 아니라 단지 그 궁극 목적을 실현해 나가는 데 필

---

16 「彊國」, "非貴我名聲也, 非美我德行也, 用貧求富, 用飢求飽, 虛腹張口來歸我食, 若是則必發夫 稟窌之粟以食之, 委之財貨以富之, 立良有司以接之, 已朞三年, 然後民可信也, 是故得地而權彌 輕, 兼人而國兪貧, 是以富兼人者也."

요한 하나의 기본 요건이다.

2) 겸병한 국가를 견고하게 안정시켜라(견응론堅凝論)

순자는 타국을 겸병하는 것은 아주 쉽지만 겸병한 영토를 견고하게 안정시키는 것은 더욱 어렵다는 점을 인지하고, 진정한 천하 통일이란 반드시 '겸병한 국가를 견고하게 안정시킬 때'[堅凝] 달성할 수 있다고 보았다.[17] 그래서 그는 타국의 백성과 자국의 백성을 차별하지 않고 동일한 개체로 보는 것을 그 실질적 방법으로 제출하면서 '예의[與道](예의·충신·사양)의 사회적 확립'과 '정치의 투명성'[修正]을 그 방법의 핵심 근거로 규정하였다. 이러한 잘 닦아진 예의와 투명한 정치로 국가를 지키면 견고할 것이고, 적국을 정벌하면 그 군대는 견고해질 것이며, 금지령이 있으면 어김이 없다는 것이다.[18]

이와 같이 순자의 관점에서 천하 통일의 일차적인 관건은 사

---

17 「議兵」, "兼幷易能也, 唯堅凝之難焉."(王先謙, 같은 책, "凝, 定也.") … "故能幷之而不能凝, 則必奪, 不能幷之又不能凝其有, 則必亡. 能凝之則必能幷之矣. 得之則ршеш, 兼幷無強."

18 「議兵」, "禮脩而士服, 政平而民安, 士服民安, 夫是之謂大凝."; 「彊國」, "自數百裏而往者, 安固, 非大之力也, 隆在脩正矣."

사로이 천하를 겸병하려는 야욕이 없는 임금에 의해서 진행되는, 즉 '예의의 사회적 확립'과 '정치의 투명성'에 있다. 이 때문에 임금은 단순히 자국의 정치적·경제적 이익이 아니라 '천하'의 안정과 평화에 자신의 모든 역량을 발휘해야 하는 것이다. 이럴 때 임금은 망해 가는 나라를 붙들어 일으켜서 존속하게 할 수 있고, 망해서 뒤가 끊긴 나라의 뒤를 잇게 할 수 있고, 약소한 나라를 지켜 주고 난폭한 나라를 억눌러 조금이라도 천하를 겸병할 수 있는데, 이때 제후들을 비롯한 백성들이 모두 그를 진심으로 친애한다고 할 수 있다.[19]

3) 용병은 민심의 통일에 있다(용병론用兵論)

순자는 "한 가지 의롭지 않은 것을 행하고 한 사람의 무고한 사람을 죽이고는 천하를 얻는다고 하더라도 어진 사람은 하지 않는다"[20]라고 주장한다. 이는 '용병'에 관한 진효陳囂와 순자의 문답에서 잘 드러난다. 즉 진효는 순자에게 "어진 사람은 사람

---

19 「王制」, "存亡繼絶, 衛弱禁暴, 而無兼幷之心, 則諸侯親之矣."
20 「王覇」, "行一不義, 殺一無罪而得天下, 仁者不爲也."

을 사랑하고, 의로운 사람은 도리를 따르는데, 그러한 사람이 무엇 때문에 병사를 부리는가?"라고 묻는다. 이에 대한 순자의 대답은 분명하다. "어진 사람은 사람을 사랑하기 때문에 남이 '인仁'을 해치는 것을 싫어하고, 의로운 사람은 도리를 따르기 때문에 남이 '의義'를 어지럽히는 것을 싫어한다. 그래서 군대라는 것은 난폭한 행동을 금지하고 해악을 제거하기 위하여 있는 것이지 쟁탈을 위하여 있는 것이 아니기 때문에 어진 사람의 군대가 머물러 있는 곳은 어디나 평화롭고 또 그냥 지나가는 곳은 그곳 백성들이 모두 감화를 입는다. 그러므로 어진 사람의 군대가 머물러 있는 곳은 어디나 평화롭고 또 그냥 지나가는 곳은 그곳 백성들이 모두 감화를 입는다"라는 것이다.[21]

이와 같이 순자에게서 '용병'이 '인의'에 근본 한다고 보면, 그 요점은 무고한 사람을 죽이는 전쟁의 수행이 아니라, 즉 자국의 실익을 위하여 타국의 토지를 강제로 점령하거나 정복하는 것이 아니라 어디까지나 천하 질서의 유지를 통한 사람들의 삶

---

21 「議兵」, "陳囂問孫卿子曰, 先生議兵, 常以仁義爲本. 仁者愛人, 義者循理, 然則又何以兵爲. 凡所謂有兵者, 爲爭奪也. 孫卿子曰, 非女所知也. 彼仁者愛人, 愛人故惡人之害也, 義者循禮, 循禮故惡人之亂之也. 彼兵者, 所以禁暴除害也, 非爭奪也. 故仁人之兵, 所存者神, 所過者化."

의 안정과 평화에 있다고 할 수 있다. 이는 그와 임무군臨武君의 논의에서도 잘 드러난다. 즉 임무군은 철저하게 용병을 실질적인 전쟁과 관련하여 말하고 있는데, 즉 이 시기[天時]와 땅의 이로움[地利]을 얻고, 적의 동정을 잘 살펴서 적의 움직임을 보고 움직이되, 먼저 기선을 잡는 것을 용병의 요점으로 이해한다. 이에 대해 순자는 임무군의 문제점을 지적하면서 전쟁의 근본이 민심의 통일에 있기 때문에 그 요점은 백성들을 잘 따르게 하는 데 있다고 주장한다.[22]

결국 순자에게서 '천하를 취하는 것'은 그 토지를 지고 따라오라는 것이 아니고, 도로써 사람을 통일하는 것이며,[23] '용병'의 궁극 목적은 단순히 자국의 경제적 이익을 위한 토지의 획득이 아니라 천하 질서를 위한 민심의 귀복에 있다고 할 수 있다.

---

22 「議兵」, "臨武君與孫卿子議兵於趙孝成王前. 王曰, 請問兵要. 臨武君對曰, 上得天時, 下得地利, 觀敵之變動, 後之發, 先之至, 此用兵之要術也. 孫卿子曰, 不然. 臣所聞古之道, 凡用兵攻戰之本在乎壹民. 弓矢不調, 則羿不能以中微, 六馬不和, 則造父不能以致遠, 士民不親附, 則湯武不能以必勝也. 故善附民者, 是乃善用兵者也. 故兵要在乎善附民而已."

23 「王覇」, "取天下者. 非負其土地而從之謂也. 道足以壹人而已矣. 彼其人苟壹, 則其土地且奚去我而適它."

3. 천하 통일의 근본은 백성의 정치적·경제적 안정이다[24]

1) 사상과 언행을 통일하다(제언행齊言行)

순자가 제출한 '사상과 언행의 통일'은 그 출발에서 그것을 실현시킬 수 있는 중심축이 제대로 서 있느냐와 긴밀한 관계가 있다. 그래서 그는 "위가 하나이면 아래도 하나이고, 위가 둘이면 아래도 둘이다. 비유컨대, 마치 초목의 가지와 잎은 그 뿌리를 따르는 것과 같다",[25] "임금은 국가의 최고 정점이다. 부친은 가정의 정점이다. 정점이 하나면 잘 다스려지고, 정점이 둘이면 혼란을 초래한다. 옛날부터 지금까지 두 정점이 권력을 다투면서 영구한 발전을 한 일이 아직 있은 것이 없다"[26]라고 주장한다. 물론 이런 주장에 근거하면 순자가 그 이후의 진나라와 같은 전제적 통일체를 지향했다는 오해의 소지가 있을 수도 있다. 하지만 그 핵심은 '힘'에 근거하여 그런 통일체를 지향

---

24 「非十二子」, "若夫總方略, 齊言行, 壹統類, 而群天下之英傑而告之以大古, 敎之以至順."

25 「富國」, "上一則下一矣. 上二則下二矣. 辟之若艸木, 枝葉必類本."

26 「致士」, "君者, 國之隆也, 父者, 家之隆也. 隆一而治, 二而亂. 自古及今, 未有二隆爭重而能長久者."

하는 임금이 아니라 '예의'에 근거하여 분산된 국가들을 하나로
집중시킬 수 있는 임금이라는 데 있다.

순자는 '사상과 언행의 통일'을 실현하기 위한 첫 출발점에
서 '십이자十二子'(타효它囂와 위모魏牟, 진중陳仲과 사추史鰌, 묵적墨翟과 송
견宋鈃, 신도愼到와 전병田騈, 혜시惠施와 등석鄧析, 자사子思와 맹가孟軻)의
변설에 대한 비판을 전개한다. 즉 그의 "위로는 순임금과 우임
금의 제도를 본받고 아래로는 중니와 자궁의 의리를 본받음으
로써 십이자의 변설을 침묵시키는 데 힘쓸 것이다. 이렇게 하
면 천하의 해독은 없어지고, 어진 사람의 일은 성취되고 성왕
의 행적이 드러난다"[27]가 그것이다.

따라서 위에서 보듯이 순자가 강조한 '사상과 언행의 통일'은
진나라의 경우처럼 획일적인 사상 통제가 아니라 과거와 현재
의 유기적이고 역동적인 관계를 설정하는 속에서 진행된다. 따
라서 그가 '사상과 언행의 통일'을 통하여 진정으로 원했던 세
계는 진나라처럼 강력한 사상 통제에 기초한 통일 제국의 세계

---

27 「非十二子」, "上則法舜禹之制, 下則法仲尼子弓之義, 以務息十二子之說, 如是則天下之害除, 仁
人之事畢, 聖王之跡著矣."

가 아니라 사상의 전승과 계승이라는 측면에서 찬란했던 선왕의 자취가 그대로 녹아 있는 후왕의 법도에 기초한 천하 통일의 세계였다고 할 수 있다.

2) 통류를 통일하다(일통류壹統類)

앞서 보았듯이 순자에서 '통류'는 사람 세계의 역사의식과 전통 의식 안에서 발현한 공동의 원리이다.[28] 이는 사람이 자신의 앞에 놓인 거친 환경을 개척하는 과정 속에서 조금씩 싹을 키워 하나의 거대한 열매로 맺은 공동의 원리, 즉 인류의 지혜가 어느 한 시점에서만이 아니라 과거부터 현재까지 계속해서 누적되고 발전해 온 인문 역사 속에서 유출해 낸 생존 원리이다. 이런 '통류'는 사람의 주체적이고 능동적 노력과 밀접한 관계가 있다. 이것은 '사람이 험난한 환경에서 어떻게 살아가야 하는가' 하는 그 자신의 자각 의식에서 나온 힘의 결집이기 때문이다.

그렇게 보면 '통류'는 그 안에 '예'의 내용이 새로운 요구에 적

---

28 韋政通, 『中國哲學辭典』, 統類條, 613쪽.

응하지 못할 때, 그것에 근거하여 새로운 것을 창제해 나갈 수 있다는 의미를 가지고 있다. 이런 점에서 위정자는 '통류'를 통하여 국가를 다스리고 만물의 직분을 일정하게 하여 천하를 변화시켜 외왕外王의 다스림을 완성해 나갈 수 있다. 그래서 그것은 사회, 나아가 국가의 문제를 보편 규율인 예에 의해서 해결하자는 것으로 '외왕지도外王之道'의 핵심이자 궁극적으로 인문세계의 가치 근원인 것이다. 따라서 '통류를 통한 통일'은, 그 안에 사람의 주체적이고 능동적인 노력이자 역사의식과 전통의식 안에서 발현된 공통의 원리인 '통류'로 각종의 일에 대응하여 새로운 변화를 모색해 나갈 수 있는 '역동성'을 지니고 있다. 따라서 그것은 단순히 '부국강병'을 목표로 하는 현실 정치에 '통치의 정당성'을 부여하는 것이 아니라 그 당시 혼란한 상황을 극복하고 진정한 '치도治道'를 성취하는 것이다.

3) 천하의 뛰어난 인재를 결집하다(군천하지영걸群天下之英傑)

순자는 "천하를 통합하여 군림하는 것은 다만 호사스러운 생활을 하기 위해서가 아니라 본디 천하에서 왕 노릇하기 위함이다. 각종 일의 변화를 다스리며 만물을 이용하고, 많은 백성을 기르며 천하를 두루 이롭게 하는 것은 어진 사람의 착함만 한 것이 없다"[29]라고 주장한다. 이를 위해 임금은 반드시 '뛰어난 인재'(대유大儒)를 선발하여 단순히 등용만으로 끝내지 말고, 그들이 자신들의 임무를 충실히 수행해 나갈 수 있도록 믿음으로 그들의 능력과 재질에 맞는 임무를 주어야 한다는 것이다.

순자는 더 나아가 임금은 등용된 인재들이 자신들의 능력을 발휘하고 백성을 위해 그 본분을 다할 수 있도록 그들에 대한 신뢰와 제도적 장치를 마련해 두어야 한다고 주장한다.[30] 왜냐하면 '인재 등용'은 단순히 임금 자신의 안락이 아니라 하나의 도리에 따라서 백성의 정치적·경제적 안정을 실현하려는 데 그 목적이 있기 때문이다.[31] 따라서 그가 볼 때 일련의 합리적 절차를 통해서 등용된 인재가 그 자신의 역량을 모두 발휘한다

---

29 「富國」, "合天下而君之, 非特以爲淫泰也, 固以爲王天下. 治萬變, 材萬物, 養萬民, 兼利天下者, 爲莫若仁人之善也夫."

30 「王霸」, "君者, 論一相, 陳一法, 明一指, 以兼覆之, 兼炤之, 以觀其盛者也. 相者, 論列百官之長, 要百事之聽, 以飾朝廷臣下百吏之分, 度其功勞, 論其慶賞, 歲終奉其成功以效於君. 當則可, 不當則廢. 故君人勞於索之, 而休於使之." 및 "若夫論一相以兼率之, 使臣下百吏莫不宿道鄕方而務, 是夫人主之職也. 若是, 則一天下, 名配堯禹.";「儒效」, "用大儒, 則百裏之地久而後三年, 天下爲一, 諸侯爲臣, 用萬乘之國, 則擧錯而定, 一朝而伯."

31 「臣道」, "傳曰, 從道不從君. 此之謂也. … 蓐然後義, 殺然後仁, 上下易位然後貞."

면 임금은 진정으로 백성의 정치적·경제적 안정을 충분히 이끌어 내어 천하 통일의 기본 초석을 마련할 수 있을 것이다.

4. 대형大形의 세계를 꿈꾸다

순자가 제출한 천하 통일의 세계는 사회의 여러 방면에서 통일의 참다운 효과를 드러낸다. 특히 다음의 세 방면에서 나타나는 효과는 아주 중요한 의미를 가진다.

첫째는 정치상의 효과로, '천하에 진심으로 복종하지 않는 자가 없다는 것'이다. 즉 '성왕의 정치'이자 '예의의 교화'에 근본[32]한 사람은 '사람의 스승'이 되어 "가까운 자가 예찬하고 노래 부르며 즐거워하고, 먼 곳에 있는 나라들이 엎어지면서 달려옴으로써 전 세계가 한집안 같고, 교통이 가능한 무리들이 모두 복종해 온다"[33]라는 것이다. 이런 정치상의 효과는 궁극적으로

---

32 「性惡」, "故爲之立君上之勢以臨之, 明禮義以化之, 起法正以治之, 重刑罰以禁之, 使天下皆出於治, 合於善也. 是聖王之治而禮義之化也."

33 「儒效」, "故近者歌謳而樂之, 遠者竭蹶而趨之, 四海之內若一家, 通達之屬, 莫不從服, 夫是之爲人師."; 「王霸」, "天下爲一, 諸侯爲臣, 通達之屬, 莫不服從."

'도덕적 교화의 실현'으로 귀결된다.

둘째는 경제상의 효과로, '지역·국가 간의 물자 교류로 상업이 발달하고, 백성들의 삶이 안정되고 천하의 질서가 유지된다는 것'이다. 즉 "상인이 정직하면 무역이 안심되고 물자가 잘 유통되어 국가가 풍족하듯이",[34] 상업에 의한 지역 간의 물자 교류는 국가의 '부'를 축적시킬 수 있는 기본 바탕이 된다는 것이다. 이 때문에 위정자는 앞서 보았듯이 반드시 농업과 상업의 유기적 관계를 고려하여 '상업'을 발달시켜 상호 간에 '있고' '없는' "재물과 곡물을 지역적 특성에 맞게 지체 없이 수송하거나 유통시켜야 한다."[35] 이를 통해 위정자는 '사회의 경제적 불균형을 해소하고', '공정한 분배를 실현하며', 그리고 사회 분업을 촉진하여[36] 생산을 증대하고 사회를 안정시켜 나갈 수 있다. 이런 경제상의 효과는 궁극적으로 어느 지역에서나 지리적 여건에 구애받지 않는 '물자의 원활한 사용의 실현'으로 귀결된다.

---

34 「性惡」, "商賈敦愨無詐, 則商旅安, 貨財通, 而國求給矣."

35 「王制」, "通流財物粟米, 無有滯留, 使相歸移也."

36 「王制」, "故澤人足乎木, 山人足乎魚, 農夫不斲削, 不陶冶而足械用, 工賈不耕田而足菽粟."; 「成相」, "臣下職, 莫遊食, 務本節用財無極. 事業聽上, 莫得相使一民力."

셋째는 사상상의 효과로, '육파六派의 변설자가 침묵하고 십이 자十二子가 감화한다는 것'이다.[37] 앞서 보았듯이 순자는 맹자의 '법선왕'에 강한 의문을 제기하고, '법후왕'을 기본 모델로 하는 자신만의 사상적 단초를 열어 나갔다. 물론 '법후왕'은 "성왕의 자취를 보고자 하면 그 찬란한 것을 볼 것이니, 후왕이 그것이 다"[38]와 "천년을 알고자 하면 지금을 헤아릴 것이다"[39]에서 보듯 이 현실의 현존하는 임금의 법도만을 본받는다는 것이 아니라 어제와 오늘의 유기적이고 역동적인 관계 속에서 자취가 명확 하게 드러난 후왕의 법도를 본받는다는 것이다. 이런 사상상의 효과는 궁극적으로 "차별이 있되 공평하고, 곡절이 있되 순서 가 있고, 각인각색이 있되 동일하다는 인류의 실현이라는 점에 서 보면"[40] 현실의 다양한 문제들을 해결할 수 있는 '하나의 공 통된 가치 체계의 실현'으로 귀결된다.

그럼 과연 순자에게서 위의 세 가지가 모두 실현된 세계는 어

---

37 「非十二子」, "一天下, 財萬物, 長養人民, 兼利天下, 通達之屬, 莫不從服, 六說者立息, 十二子者 遷化, 則聖人之得世者, 舜禹是也."

38 「非相」, "故曰, 欲觀聖王之跡, 則於其粲然者矣, 後王是也."

39 「非相」, "欲觀千歲, 則數今日."

40 「榮辱」, "故曰, 斬而齊, 枉而順, 不同而一, 夫是之爲人倫."

떠한 모습인가? 그 세계는 각 직분의 자율성과 독립성을 인정하고, 서로의 직분을 탐하지 않는 속에서 전체의 조화를 지향하는 사회다. 이것은 '대형大形의 세계', 즉 "하나의 몸에 있어서 사지가 마음을 따라 움직이는 것과 같은 세계"이다. 이러한 세계에서는 직업이 나누어져 있어서 사람들은 다른 직업을 탐하지 않으며, 차례가 정해져 있어서 순서가 어지럽지 않는다. 이러하면 사람들은 널리 말을 들어 바르고 밝아져서 모든 일들이 남김없이 다 이루어지는데, 한편으로 보지 않고도 보이고, 듣지 않아도 들리며, 헤아리지 않아도 알게 되고, 움직이지 않아도 이루어진다. 그래서 모든 사람들은 다 스스로 닦은 후에 편안하여 바르게 되고, 그 직업에 알맞은 능력을 갖춘 후에 그 직업에 나아가게 되며, 백성은 나쁜 풍속을 바꾸어 놓고 소인들은 나쁜 마음을 고치며, 간교한 무리들이 다 성실해지는 것이다.[41]

---

41 「君道」, "人之百事, 如耳目鼻口之不可以相借官也, 故職分而民 不慢, 次定而序不亂, 兼聽齊明而百事物留. 如是, 則臣下百吏至於庶人莫不修己而後敢安止, 誠能而後敢受職, 百姓易俗, 小人變心, 奸怪之屬莫反慤, 夫是之謂政敎之極. 故天子不視而見, 不聽而聰, 不慮而知, 不動而功, 塊然獨坐而天下從之如一體, 如四肢之從心, 夫是之謂大形."

이와 같이 순자에게서 '대형'의 세계는 어떠한 강압적 통제나 억압에 의해서가 아니라 항상 각 구성원들의 자율성과 독립성이 보장되고 그들 간의 유기적이고 역동적인 관계가 올바르게 설정될 때 비로소 실현될 수 있다. 이 세계는 단순히 현실을 배제하고 이상만을 강조하는 공허한 세계나 자신의 직분을 넘어 타인과 일을 다투거나 이익을 다투는 각박한 세계가 결코 아니다. 즉 이 세계는 어진 사람을 중심축으로 하여 농부가 힘써 농사짓고, 상인이 힘써 재부를 생산하고, 장인이 힘써 기계를 제조하며, 관직에 있는 사람이 어짊과 두터움, 지혜와 능력으로 자신의 직분을 힘써 다하듯이 모두가 자신의 직분에 알맞은 능력을 갖춘 이후에 그 직분에 나아가서 자신들의 역량을 모두 발휘하는 세계다. 이런 세계야말로 '지평至平'(지극히 공평함)의 세계다.[42] 이는 "세금을 거두어도 그 내는 세금을 잊고, 사업에는 수고로움을 잊고, 도둑의 난에는 죽음을 잊고, 성곽은 보수하지 않아도 견고해지게 되고, 군대는 훈련하지 않아도 굳세어지

---

42 「榮辱」, "然後使穀祿多少厚薄之稱, 是夫群居和一之道也. 故仁人在上, 則農以力盡田, 賈以察盡財, 百工以巧盡械器, 士大夫以上, 至於公侯, 莫不以仁厚知能盡官職, 夫是之爲至平."

게 되고, 적국은 항복을 기대하지 않아도 굴복하게 되고, 온 천하의 백성은 명령을 기대하지 않아도 하나가 되는 세계"[43]다.

결국 순자에게서 '대형'의 세계는 '지극히 공평한 세계로, 남으로부터 구속이나 지배를 받지 않고 사회에서 맡은 직분을 스스로 해 나가거나, 남에게 의존하지 않고 사회에서 드러나는 문제들을 스스로 풀어 나가면서 전체가 하나로 움직이는 유기적 세계다. 따라서 이런 세계에서는 임금이 자신의 권력으로 백성들을 강제로 짓밟거나 억누르는 것이 아니라 현명하고 어진 사람을 중심축으로 하여 모든 사람이 각자에 알맞은 능력을 갖춘 뒤에 자신들의 힘으로 그 능력을 발휘할 수 있는 것이다.

---

43 「君道」, "故藉斂忘費, 事業忘勞, 寇難忘死, 城郭不待飾而固, 兵刃不待陵而勁, 敵國不待服而詘, 四海之民不待令而一. 夫是之謂至平."

荀子

[세창명저산책]

세창명저산책은 현대 지성과 사상을 형성한 명저를 우리 지식인들의 손으로 풀어 쓴 해설서입니다.

· 세창명저산책은 계속 이어집니다.